Wilhelm Thürnau

Telefonandachten vom Steinhuder Meer aus dem Jahr 2020

AF547602

Wilhelm Thürnau

Telefonandachten vom Steinhuder Meer aus dem Jahr 2020

Ein Versuch, in Corona-Zeiten in Verbindung zu bleiben

Fromm Verlag

Imprint

Any brand names and product names mentioned in this book are subject to trademark, brand or patent protection and are trademarks or registered trademarks of their respective holders. The use of brand names, product names, common names, trade names, product descriptions etc. even without a particular marking in this work is in no way to be construed to mean that such names may be regarded as unrestricted in respect of trademark and brand protection legislation and could thus be used by anyone.

Cover image: www.ingimage.com

Publisher:
Fromm Verlag
is a trademark of
International Book Market Service Ltd., member of OmniScriptum Publishing Group
17 Meldrum Street, Beau Bassin 71504, Mauritius
Printed at: see last page
ISBN: 978-613-8-37135-9

Copyright © Wilhelm Thürnau
Copyright © 2021 International Book Market Service Ltd., member of OmniScriptum Publishing Group

Vorwort

Der Ausbruch der Covid19-Pandemie im Jahr 2019/2020 entwickelte sich schnell zu einem existentiellen Problem für die gesamte Menschheit.

Die Maßnahmen zum Schutz gegen das Corona-Virus hatten und haben gravierende Auswirkungen auf nahezu alle Lebensbereiche. Schon seit Monaten gilt: Kontakte minimieren, Abstand halten und Masken tragen. Auch für Kirchengemeinden ist das eine große Herausforderung.

Während des ersten „Lockdowns" im März 2020 haben Pastorinnen und Pastoren in der „Seeprovinz" überlegt, auf welche Weise Menschen unter diesen Bedingungen zuverlässig mit einem geistlichen Angebot erreicht werden können.

Die Idee, an jedem Tag eine Telefonandacht zu veröffentlichen, die über eine eigens dafür eingerichtete Telefonnummer abzurufen ist, hielten manche für rückwärtsgewandt. Es fand sich jedoch ein Kreis von Haupt- und Ehrenamtlichen, der dieser Idee eine Chance geben wollte.

Geplant waren die Telefonandachten zunächst als zeitlich begrenztes Projekt. Mit mittlerweile weit mehr als 100 Anrufen am Tag ist die Resonanz auf das Angebot jedoch so groß, dass der Entschluss gefasst wurde, das Format auf unbestimmte Zeit weiterzuführen. Viele Menschen aus der Seeprovinz – aber auch darüber hinaus sind dankbar, dass sie über diesen Weg an jedem Tag ein geistlicher Impuls erreicht, der ihnen guttut.

Wie allen, die an den Telefonandachten beteiligt sind, gilt auch Superintendent i.R. Wilhelm Thürnau der Dank dafür, dass er sich mit seinen kreativen Andachten an diesem Format beteiligt.

Karsten Dorow
Pastor aus Großenheidorn

Trost spenden in Zeiten allgemeiner Verunsicherung

Die Herausforderung durch die Corona-Pandemie traf auch unsere so hoch entwickelte Gesellschaft unerwartet. Noch vor 12 Monaten hätte es kaum jemand in unserem Land für möglich gehalten, dass die ganze Welt für den Zeitraum eines Jahres weitgehend lahmgelegt sein könnte. Ein Virus lähmt das Miteinander, die Wirtschaft, die Zukunftsaussichten, das Reisen, die Freiheit. Und die Gefahr ist nicht von der Hand zu weisen, dass der vertraute zwischenmenschliche Umgang miteinander verloren geht und uns die Lebensfreude abhandenkommt. Gewiss, Hollywood-Filme von heftigen Bedrohungen durch Naturkatastrophen und durch den Einfall von Killerviren haben viele mit einem Bier in der Hand und einer Tüte Chips auf dem Tisch interessiert angeschaut. Aber dass eine derartige Bedrohung uns selbst so nahe kommen könnte, ist eine neue Erfahrung in hochentwickelten Gesellschaften, die eigentlich davon überzeugt sind, weitgehend alles unter Kontrolle zu haben.
Auch das Engagement von Kirchengemeinden in den gewohnten und nun klassisch zu nennenden Formen ist mehr als in Frage gestellt. Gottesdienste sind nur mit Hygiene- und Abstandsregelungen möglich, das Singen der Gemeinde an vielen Stellen untersagt; der seelsorgerliche Besuch bei Einsamen und Sterbenden in Altenheimen und zu Hause musste noch im Frühjahr hart erstritten werden. Der Lebensschutz ist groß geschrieben, die Ängste vor Ansteckung sind enorm und gehen vielen ans Gemüt.
Mir ist es deshalb an dieser Stelle wichtig, zu würdigen, dass und wie Kirchengemeinden sich mittlerweile auf diese Lage nach einer ersten Phase der Schockstarre im März 2020 eingestellt haben.

Menschen Trost zu spenden, ihnen nahe sein zu wollen, ohne dass man sich in der vertrauten Weise begegnen darf, hat viele Kirchengemeinden auf der Welt, in Deutschland und auch in Schaumburg-Lippe herausgefordert. Und die Annahme der Herausforderung hat dazu geführt, dass neue, überraschende und pfiffige Formate, Menschen in anderer Weise zu erreichen, das Licht der Welt erblickten.
Dazu gehören auch die Telefonandachten der Kirchengemeinden in der Seeprovinz am Steinhuder Meer. Dieser Versuch, in Corona-Zeiten in Verbindung zu bleiben mit den Menschen, gehört zu den wunderbaren Beispielen, die Herausforderung anzunehmen und Formate zu entwickeln, die die unmittelbare Begegnung im Gottesdienst, im Besuchsdienst nicht ersetzen, aber doch zumindest den Klang der Nähe und des Trostes aufnehmen können. Der Phantasiereichtum kann hier nicht in vollem Umfang beschrieben werden, der freigesetzt worden ist in Zeiten der Pandemie -auch im kirchlichen Handeln. Das Spiel der Posaunenchöre vor Altenheimen, vor Kliniken, in Wohnbereichen gehört sicherlich dazu. Musik tröstet, das konnten viele Menschen in diesen verstörenden Zeiten erfahren.

Dazu gehört aber auch die großartige Arbeit der Erzieherinnen in den Kindertagesstätten und Einrichtungen für Kinder, Postwurfsendungen bei allen Einwohnern eines Dorfes zu Ostern oder zu Weihnachten uvam.

Wo und wie die Kirche gefragt ist in Zeiten der Bedrohung durch ein Virus, das Menschen in Einsamkeit zwingt?
Für mich liegt die Aufgabe der Religion und der Kirche in Krisenzeiten darin, Menschen zu trösten und aufzurichten, in Wort, Schrift und Telefonandachten, Einsame und Sterbende zu begleiten und gleichzeitig auch dabei mit zu helfen, die Lage zu verstehen und auch dadurch zu ertragen. Da kann ein Blick zurück bisweilen helfen. Kein Geringer als Martin Luther schrieb im Jahre 1527 in seiner aus Breslau, wo im Jahre 1525 die Pest heftig gewütet hatte, erbetenen Schrift: `Ob man vor dem Sterben fliehen möge?´ seine Gedanken zu diesem Thema auf.
Er nannte die Gedanken Anweisung zum Umgang mit einem nicht berechenbaren Krankheitsbild. Luthers Hinweise zum Umgang mit der im Jahre 1527 auch in Wittenberg, seinem eigenen Wohnort, um sich greifenden Pesterkrankung hat eine große Wirkung entfaltet. Gewiss, die Pest ist kein virologisches, sondern ein bakterielles Phänomene. Aber die Bedrohung ist doch vergleichbar – und auch vergleichbar sind die Hinweise für den Umgang mit einer Bedrohung. Auf die Ausgangsfrage bezogen, ob man vor dem Sterben fliehen darf, sagt Luther, dass man vor der Pest nur fliehen dürfe, wenn man keinerlei Verpflichtung gegenüber einer Gemeinde, Eltern, Kindern oder Nachbarn hätte. Menschen, die einem anvertraut sind, aber dürfe man keinesfalls sich selbst überlassen, selbst wenn man die Möglichkeit dazu habe. „Wer stark im Glauben ist, der halte aus an seinem Platz, richte aber nicht über die, die aus Glaubensschwäche vor lauter Angst verschwinden möchten".

Luther vergleicht die Pest mit einem Feuer, das nicht Holz und Stroh verzehrt, sondern Leib und Leben auffrisst. Diesem Feuer müsse man sich mit allem, was man hat, entgegenstemmen. Jeder und jede könne dazu etwas beitragen. Angesichts einer solchen Bedrohung wie einer um sich greifenden Seuche sei es wichtig, Ruhe zu bewahren, das vorhandene Wissen zu nutzen, hygienisch sorgfältig zu sein, in die Armbeuge zu niesen, die ärztlichen Kenntnisse zu nutzen und Hinweise der Wissenschaft zu befolgen. Und fleißig zu beten. Kranke und Sterbende dürfe man, komme was wolle, in keinem Fall alleine lassen. „Wo das Sterben hinkommt, da sollen wir dableiben, uns rüsten und trösten, sonderlich dass wir einander verbunden sind, dass wir uns nicht lassen können noch fliehen voreinander." Aus dem kulturellen Schatz der Religion als einer inneren Bindung des Menschen an Gott erwächst für Luther das unverwüstliche Vertrauen in das Bestehen lebensgefährlicher Herausforderungen. Die Religion setzt die Bereitschaft frei, Erkenntnisse der Wissenschaft zu nutzen, Ruhe zu bewahren und keinen Menschen allein zu lassen.

Worin also liegt die vornehmliche Aufgabe der Kirche für die Menschen in verstörenden Krisenzeiten? Darin, Trost zu spenden, Kontrollverlust ertragen helfen und zum Verstehen beitragen. Das ist auch das Ziel der Telefonandachten der Kirchengemeinden am Steinhuder Meer. Ich danke Superintendent i.R. Wilhelm Thürnau und allen Ehren- und Hauptamtlichen, die sich an diesem wunderbaren Projekt über viele Monate nun schon beteiligen.

Bückeburg, den 12. Januar 2021
Dr. Karl-Hinrich Manzke
Landesbischof der Ev.-Luth. Landeskirche Schaumburg-Lippe

Inhaltsverzeichnis

Telefon-Andacht am 29.5.`20 3

Telefon-Andacht am 4.6.`20 7

Telefon-Andacht am 11.6.`20 11

Telefon-Andacht am 17.6.`20 14

Telefon-Andacht am 24.6.`20 17

Telefon-Andacht am 30.6.`20..........20

Telefon-Andacht am 5.7.`20 23

Telefon-Andacht am 11.7.`20 26

Telefon-Andacht am 18.7.`20 29

Telefon-Andacht am 24.7.`20 32

Telefon-Andacht am 31.7.`20 35

Telefon-Andacht am 7.8.`20 38

Telefon-Andacht am 19.8.`20 41

Telefon-Andacht am 26.8.`20 44

Telefon-Andacht am 3.9.`20 48

Telefon-Andacht am 10.9.`20 51

Telefon-Andacht am 18.9.`20 55

Telefon-Andacht am 26.9.`20 58

Telefon-Andacht am 3.10.`20 61

Telefon-Andacht am 27.10.`20 64

Telefon-Andacht am 10.11.`20 68

Telefon-Andacht am 19.11.`20 71

Telefon-Andacht am 26.11.`20 74

Telefon-Andacht am 7.12.`20 78

Telefon-Andacht am 7.12.`20 82

Telefon-Andacht am 24.12.`20 85

Telefon-Andacht am 29.5.`20

Guten Tag! Sie hören eine ***Andacht*** der **evangelischen Seeprovinz-Gemeinden** am **Steinhuder Meer**. ***Schön, daß Sie da sind***!

Heute ist **Freitag** der **29. Mai**...

Das **Bibelwort für heute** aus den **„Herrnhuter Losungen“** steht im **35. Psalm** im **Vers 28** und heißt:

„Großer Gott: **Meine Zunge soll reden von deiner Gerechtigkeit und dich täglich preisen.“** - - -

„Gerechtigkeit“, - das meint in etwa dasselbe wie **„Gottes Heilstat“**, sein **„Heil“**, das mein Leben **„heil“** und **„ganz“** machen will.

Also **„Reden will ich von deinen Heilstaten und dich täglich mit meinen Lob- und Dankliedern preisen.“** - - -

Gott ***fröhliche Lieder*** singen...

Eigentlich hat der ***alte Sänger des*** **35. Psalms** dazu ***gar keinen Grund***!!

Es geht ihm schlecht: Da sind ***Feinde***, die ihm ***nachstellen***, - die seinen ***guten Ruf*** zu ***demolieren*** versuchen...

Er sagt über sie **(V. 7)**: **„ Ohne Grund haben sie mir ihr Netz gestellt, - ohne Grund mir eine Grube gegraben.“** - -

Alle Lebensmöglichkeiten sind ihm ***genommen***, - ***kaum*** bleibt ihm noch ***Luft zum Atmen***... - - -

Ist es Ihnen, liebe ***Hörerinnen*** und ***Hörer***, in den vergangenen Wochen vielleicht ***manchmal so ähnlich gegangen***??
Als uns ***mit einem Schlag unser normales alltägliches Leben genommen*** wurde, - das ***fröhliche Feiern mit anderen***, - ***Begegnungen und Gespräche mit anderen*** und ***vieles mehr*** - ja, da ***drohte*** dann nach einiger Zeit ***meiner Frau und mir doch manchmal die Decke auf den Kopf zu fallen***.

Und andere haben es viel schlechter, wenn es an die ***wirtschaftliche Existenz*** geht...

Und dann: „**Ich will dich preisen, Gott, - dir fröhliche Lob- und Danklieder singen**??"

Und dann haben wir am ***Fernsehen*** gesehen, wie Menschen ***gegen Einsamkeit*** und ***gegen Aus-*** und ***Eingesperrtsein*** von ihren ***Balkonen*** herab ***sich gemeinsam Lieder zugesungen*** haben, - und es entstand ein ***Gefühl von Gemeinschaft*** und ***Zusammengehörigkeit trotz aller Abstandsregeln***...

Inzwischen sind in größeren Kirchen ja ***auch wieder Gottesdienste möglich***. Die schöne, alte **Thomas-Kirche** in **Großenheidorn** ist ***zu klein*** dazu; denn in sie würden mit den Abstandsregeln **nur 13 Gottesdienstteilnehmer** passen. Aber in **Hagenburg** und **Steinhude** sieht das ***ja ein bißchen anders*** aus.

Aber: ***Das Singen ist weiterhin verboten***, - und ***nur mit Maske*** kann ich ***am Gottesdienst teilnehmen***...

Wir dürfen - - ***unter unsere Masken „summen"***... - - -

„Meine Zunge soll reden von deiner Gerechtigkeit – und ich will dir täglich Lob- und Danklieder summen"?? - - -

Ich glaube, ***auch „gesummte Loblieder"*** wären ***dem*** **großen Gott** ***recht***, - und er würde sie – glaube ich – genauso gerne hören.
Warum singen Menschen eigentlich? – ***Wie hat das angefangen***? - -

Forscher meinen, ***Gesänge*** wären in der ***Frühgeschichte der Menschheit*** entstanden, ***um den Zusammenhalt zu stärken***.

So ***singen*** Menschen, ***um einen Gleichklang zu erzielen***, - eine ***gleiche Gestimmtheit, die sie miteinander verbindet***, - so wie die ***Fans*** im **Niedersachsenstadion** zu Beginn, - vor dem Spiel die ***Hymne von*** **Hannover 96** begeistert singen:

„Niemals allein, wir gehen Hand in Hand, zusammen sind wir groß und stark wie eine Wand! Wir danken dir du hast uns viel gegeben du bist der Mittelpunkt in unserem Leben! 96, alte Liebe! Rot steht dir sehr viel besser als gelb-blau! Lass die andern alle reden von **Bayern** ***oder*** **Bremen**, ***wir sind immer bei dir*** **96, HSV**..."

Oder in **Heidorn** singen sie bei Festen aller Art zu vorgerückter Stunde das ***Moorbocklied***:

Mein Schatz,
ich trink so gern mit Dir ein Gläschen Wein
und darum woll'n wir heut' wie immer fröhlich sein.

Wir wollen singen, schunkeln, tanzen wie noch nie
und darum singen wir heut'diese Melodie:

Wenn das Meer,
wenn das Moor,
wenn der Moorbock nicht wär,

wer nicht liebt,
wer nicht küsst,
hier am Steinhuder Meer

wer nicht singt,
wer nicht trinkt,
das ist doch klar,

das ist doch einer,
der noch nie
in Heidorn war.

Warst du in Mainz, in Köln und auch schon in Berlin,
nach Grossenheidorn zieht's mich immer wieder hin.
Man sieht das Meer und auch das grosse, stille Moor
und darum singen wir gemeinsam hier im Chor, -

Refrain

Ich denke an die ***Stundengebete*** in den ***Klöstern***, in denen die ***Mönche*** sich ***mehrmals am Tag mit*** **Gott** ***und miteinander verbinden*** – und ein wenig davon habe ich selber noch erlebt, als vor Jahren ***1 Jahr im*** **Kloster Loccum** ***gelebt*** habe, - und wir ***jeden Tag um*** **18.00 Uhr** die **Hora** ***gesungen und gebetet*** haben.

Der **Kirchenvater Augustin** hat **vor fast 1.600 Jahren** einmal gesagt:

„***Wer singt betet doppelt***." - - -

„Reden will ich von deinen Heilstaten und dich täglich mit meinen Lob- und Dankliedern preisen."

Ich singe heute jedenfalls ein **Lied**, das ***ich sehr gerne mag*** und das im Ev. Gesangbuch unter der Nr. 395 steht:

„ **395:1** Vertraut den neuen Wegen, auf die der Herr uns weist, weil Leben heißt: sich regen, weil Leben wandern heißt. Seit leuchtend Gottes Bogen am hohen Himmel stand, sind Menschen ausgezogen in das gelobte Land.

395:2 Vertraut den neuen Wegen und wandert in die Zeit! Gott will, dass ihr ein Segen für seine Erde seid. Der uns in frühen Zeiten das Leben eingehaucht, der wird uns dahin leiten, wo er uns will und braucht.

395:3 Vertraut den neuen Wegen, auf die uns Gott gesandt! Er selbst kommt uns entgegen. Die Zukunft ist sein Land. Wer aufbricht, der kann hoffen in Zeit und Ewigkeit. Die Tore stehen offen. Das Land ist hell und weit.

Vielleicht ***singen*** oder ***summen*** Sie es heute einfach einmal mit.

Ihnen allen wünscht ***trotz dieser*** und ***in diesen schwierigen Zeiten*** einen guten Tag – vielleicht sogar mit ***guten neuen Wegen***, - -

Telefon-Andacht am 4.6.`20

Guten Tag! Sie hören eine ***Andacht*** der **evangelischen Seeprovinz-Gemeinden** am **Steinhuder Meer**. ***Schön, daß Sie da sind***!

Heute ist **Donnerstag**, der **4. Juni**.

Das **Bibelwort für heute** aus den **„Herrnhuter Losungen“** steht im
1. Buch Samuel, Kap. 17,45, - und dort heißt es:

„David aber sprach zu Goliath: Du kommst zu mir mit Schwert, Lanze und Spieß, - ich aber komme zu dir im Namen des Herrn Zebaoth.“ - - -

Liebe ***Hörerinnen*** und ***Hörer***!

Nein, - da hatte er ***eigentlich keine Chance***, - nein, - ***überhaupt keine***, - der ***kleine Hirtenjunge*** **David ben Isai** aus **Bethlehem**!!!

Es war `mal wieder ***Krieg*** zwischen den **Israeliten** und den **Philistern**.

Etwa zur selben Zeit waren sie ***eingewandert***, - so ungefähr im **13. Jh. v. Chr.** - -

Die **Israeliten** aus der ***Wüste im Osten*** und dann ***über den*** **Jordan**, - und die **Philister** ***über`s*** **Mittelmeer**, - wahrscheinlich aus **Kreta** und anderen Teilen des späteren **Griechenland** kommend.

° - Und nun ***standen sich die Heere gegenüber***.

Und der **König Saul** ist ***deprimiert*** und ***ratlos*** im ***Feldlager***; denn die **Philister** scheinen ***übermächtig*** zu sein...

Und dann hatten sie den ***vernünftigen Vorschlag*** gemacht, ***kein Blutbad*** anzurichten, sondern ***die beiden stärksten Krieger gegeneinander kämpfen zu lassen***. .

Schön und gut: Aber wer soll es mit dem ***gepanzerten Riesen*** **Goliath** aufnehmen?? - -

Dann wird **König Saul** gemeldet, ein ***Hirtenjunge*** sei bereit, - und er läßt ihn rufen...

Und **David** erzählt dem **König**, wie er ***zum Schutz seiner Herde*** schon mit **Gottes** ***Hilfe*** manchen ***Löwen*** und ***Bären*** erlegt habe, - und daß er es mit **Goliath** genauso machen wolle, - - mit **Gottes** ***Hilfe***...

Und da sagt **Saul**: „**Geh hin, - der Herr sei mit dir**!“ - - -

So schickt **Saul** den ***kleinen Hirtenjungen*** **David** in einen ***scheinbar aussichtslosen Kampf***:

„Geh hin, - der Herr sei mit dir!“ - - -

° - Und als **David** und **Goliath** sich dann gegenüberstehen, - da macht der ***riesige*** **Goliath** lustig und brüllt (17,44):

„Komm her zu mir. Ich will dein Fleisch den Vögeln zu fressen geben und den Tieren auf dem Felde.“ - - -

Und **David** antwortete dem **Philister**:

„Du kommst zu mir mit Schwert, Lanze und Spieß, - ich aber komme zu dir im Namen des Herrn Zebaoth.“ - - -

Eigentlich hat er ***keine Chance***...

Mir fällt eine ***Werbung*** ein, die es vor einiger Zeit häufiger ***im Fernsehen*** gegeben hat:

° - Ein ***Duell unter jungen Männern*** am Kaffeehaustisch.

Zwei Augenpaare belauern sich.

Schließlich zieht der eine blitzschnell drei Fotos aus dem Ärmel: "***Mein Auto, mein Haus, mein Boot***."

Der andere Mann lächelt selbstsicher und ***kontert***.

Auch er zeigt ***drei Bilder***: ***sein Auto, sein Haus, sein Boot***.

Und - siehe da! - ***sein Haus*** ist ***größer*** und ***prächtiger***, ***sein Auto*** hat ***mehr PS*** und ***dickere Reifen***, ***sein Boot*** ist eine ***Luxusjacht***.

Der ***Schwächere*** ist ***düpiert***, der ***Stärkere gewinnt*** das Duell. Soweit ein ***Werbefilm einer Bank***, der ***Männer von heute*** darstellt.

° - ***Die Geschichte von*** **David** ***und*** **Goliath** ***ist eine Männergeschichte***.

Die Geschichte eines Duells mit Szenen von Kampf und Krieg.

***Typische Männerthemen*!**

***Doch wer tiefer in diese Geschichte von dem jungen* David *und dem* Riesen Goliath *eintaucht, der wird entdecken*:**

***Da werden die üblichen Männerbilder auf den Kopf gestellt*.**

Da kann man ***einen* Gott *entdecken***, der ***nicht das übliche Loblied von männlicher Stärke*** mit ***anstimmt***.

Sondern einen **großen Gott**, der ***sich klein macht***, um dem ***schwachen*** und b***edürftigen Menschen nahe zu sein***.

„Du kommst zu mir mit Schwert, Lanze und Spieß, - ich aber komme zu dir im Namen des Herrn Zebaoth.“ - - -

David *verlässt sich* ganz ***auf Gottes Kraft***.

David *ist ein ganz neuer Typ Mann*.

Seine Stärke ist ***seine unkonventionelle Methode***.

Mit **David** siegt der ***Glaube*** über das ***Berechenbare***.

Diese Männergeschichte lässt ***den Riesen ausnahmsweise einmal nicht siegen***.

Sie will den ***Mut aktivieren, die Angst abzulegen***.

Sie bestärkt uns darin, den Riesen, die uns umgeben, tapfer entgegenzutreten.

Der Riese, das kann eine ***schwere Entscheidung*** sein, vor der wir stehen. Das kann ***eine Prüfung*** sein oder ***eine Krankheit***, die man durchzustehen hat. Ein ***klärendes Gespräch***, das man lange aufgeschoben hat.

***Die Riesen werden schrumpfen, wenn wir glauben wie* David**.

° **- *Zugeben***: die ***Geschichte von* David *und* Goliath** ist ***kein Naturgesetz. Noch siegen sehr häufig*** die ***Großen*** über die ***Kleinen***.
***Doch die Riesen um uns und die großen Ängste in uns werden kleiner und verlieren an Macht, wenn wir danach fragen, wer eigentlich wirklich die Macht hat*.**

° **-** In einem **Psalm Davids** heißt es: **"Der Herr ist mein Licht und mein Heil, vor wem sollte ich mich fürchten? Der Herr ist meines Lebens Kraft, vor wem sollte mir grauen**?" **(Psalm 27,1)**

° - ***Männlich sein heißt, ich muss nicht so tun, als sei ich der* liebe Gott*. Menschlich sein heißt,* Gott Gott *sein zu lassen.***

***Ihm zu vertrauen, dem* großen Gott*, der sich in* Jesus Christus *klein gemacht hat, um uns Menschen wie ein Mensch zu begegnen*.**

„Du kommst zu mir mit Schwert, Lanze und Spieß, - ich aber komme zu dir im Namen des Herrn Zebaoth.“ - - -

° - **Dietrich Bonhoeffer**, der **vor 75 Jahren *im* KZ *hingerichtet*** wurde, schrieb kurz vor seinem Tod:

Von guten Mächten wunderbar geborgen

erwarten wir getrost, was kommen mag.

Gott ist mit uns am Abend und am Morgen

***und ganz gewiß an jedem neuen Tag*.**

Telefon-Andacht am 11.6.`20

Guten Tag! Sie hören eine ***Andacht*** der **evangelischen Seeprovinz-Gemeinden** am **Steinhuder Meer**. ***Schön, daß Sie angerufen haben***!!!

° - Heute ist **Donnerstag**, der **11. Juni**.

Das **Bibelwort für heute** aus den „**Herrnhuter Losungen**" steht im **124. Psalm** , wo es im **7. Vers** heißt:

„Unsre Seele ist entronnen wie ein Vogel dem Netz des Vogelfängers; - das Netz ist zerrissen, - und wir sind frei."

Dieses Wort steht in einem ***Wallfahrtslied***, das die **Israeliten** sangen, wenn sie zu den ***hohen Festtagen*** aus dem ganzen Land nach **Jerusalem** zum **Tempel** zogen...

In diesem Lied heißt es: „***Würde der Herr nicht bei uns sein, - dann gingen die Wasser des Elends hoch über uns hinweg.***

Gelobt sei der Herr, daß er uns nicht fallenläßt.

Unsre Seele ist entronnen wie ein Vogel dem Netz des Vogelfängers; - das Netz ist zerrissen, - und wir sind frei."

Ein ***Vogel***, der in das ***Netz eines Vogelfängers*** geraten ist, hat ***normalerweise keine Chance, aus eigener Kraft zu entkommen***.

Doch hin und wieder geschieht es, dass ***ein Vogel in seiner Todesangst das Netz zerreißen und entkommen*** kann.

So eine ***knappe und unverhoffte Rettung des*** **Volkes Israel** im letzten Augenblick ist hier in diesem **Psalm** angesprochen.

° - Aber die **Israeliten** haben daraus ***nicht den Schluss gezogen: Wir haben noch einmal Glück gehabt***.

Sondern sie erkennen: **Gott** ***war dabei.*** **Gott** ***hat uns bewahrt***. Und das ist ***keine Selbstverständlichkeit***.

Nicht jeder, der in eine große Krise gerät, kommt da wieder `raus. Und was für ein ***ganzes Volk*** gilt, betrifft auch den ***Einzelnen***.

° - Ich denke an den ***Fußballnationaltorwart*** **Robert Enke**, der mit seiner Frau in **Neustadt-Empede** gelebt hat, - ganz hier in der Nähe...

8mal stand er ***im Tor des Nationalteams***, - spielte für **Benfica Lissabon**, den **FC Barcelona** und **Hannover 96**...

Immer wieder litt er unter ***schweren Depressionen***, - ***schwerer krankhafter Schwermut***, - - und er fand ***keinen Ausweg*** und ***brachte sich im*** **November 2009** ***um***...

Ob das **Netz der Krankheit**, die ihn gefangengehalten hatte, ***da erst*** **zerriß**?? - - -

° - ***Ich selber*** habe mehrmals ***schwere depressive Schübe*** in meinem Leben gehabt...

Meine Frau und eine ***Reihe von Menschen*** haben ***mich begleitet*** und meine und ihre ***Ohnmacht ausgehalten***...

Und ***ich habe es*** dann ***mehrmals erlebt***, wie **„das Netz zerriß"**, - und ich mich wieder **„frei"** fühlte...

Ich selber habe nichts dazu tun können, - von ***nahen Menschen*** wurde mir geholfen, - und, so glaube ich, - ***auch durch sie hat ein anderer*** **„das Netz zerrissen"** ***und neue*** **„Freiheit"** ***geschenkt***...

° - In demselben **124. Psalm** haißt es:

„Wäre der Herr nicht bei uns.., so ersäufte uns Wasser, Ströme gingen über unsre Seele und tötende Wasser hoch über uns hinweg" (Ps 124,1.3.4.5).

° - Erinnern Sie sich, liebe ***Hörerinnen*** und ***Hörer***, an **„Netze"**, in denen Sie ***gefangen waren*** - - und aus denen Sie vielleicht dann ***befreit worden sind***??

Und wenn ich mich an ***solche Erfahrungen***, - ***Erfahrungen der befreienden*** **Nähe Gottes** erinnere, ob ich dann nicht vielleicht mit mehr ***Hoffnung*** und ***Zuversicht meine Wege durch die Tage*** gehen kann??!!

° - I***m letzten Jahr*** – am **15. Januar 2019** – wäre der ***amerikanische Pastor***, ***Bürgerrechtler*** und ***Friedensnobelpreisträger*** **Martin Luther King 90 Jahre alt** geworden.

1963 (28.8.1963) hielt er seine ***berühmte Rede*** **„I have a dream"** = ***„Ich habe einen Traum***". In Ihr sagte er unter anderem:

„***Ich habe einen Traum***, dass ***meine vier kleinen Kinder*** eines Tages in einer Nation leben werden, in der man sie nicht nach ihrer Hautfarbe, sondern nach ihrem Charakter beurteilen wird. (...)

Das ist unsere ***Hoffnung***. (...) Mit diesem ***Glauben*** werden wir fähig sein, zusammen zu arbeiten, zusammen zu beten, zusammen zu kämpfen, zusammen ins Gefängnis zu gehen, zusammen für die Freiheit aufzustehen, in dem Wissen, dass wir eines Tages frei sein (...)

Und ***wir werden den Tag beschleunigen*** können, an dem **alle Kinder Gottes** – ***schwarze*** und ***weiße Menschen, Juden*** und ***Heiden***, ***Protestanten*** und ***Katholiken*** – sich die Hände reichen und die Worte des ***alten Negro-Spiritual*** singen können:

„***Endlich frei! Endlich frei! Großer allmächtiger Gott, wir sind endlich frei***!"""

Am **4. April 1968** wurde er ***von einem weißen Rassisten erschossen***, - und ***auf seinem Grabstein*** stehen die Worte

„***Endlich frei! Endlich frei! Großer allmächtiger Gott, wir sind endlich frei***!"""

Unsre Seeele ist entronnen wie ein Vogel dem Netz des Vogelfängers; - das Netz ist zerrissen, - und wir sind frei."

Trotz dieser und ***in diesen schwierigen Zeiten*** wünsche ich uns immer wieder einmal solche Erfahrungen, in denen **Netze zerreißen** und ***ein Stück der versprochenen*** **Freiheit** ***schon jetzt erlebt werden kann***.

Telefon-Andacht am 17.6.`20

Guten Tag! Sie hören eine ***Andacht*** der **evangelischen Seeprovinz-Gemeinden** am **Steinhuder Meer**. ***Schön, daß Sie angerufen haben***!!!

° - Heute ist **Mittwoch**, der **17. Juni**.

Das **Bibelwort für heute** aus den „**Herrnhuter Losungen**" steht im **100. Psalm** , wo es im **2. Vers** heißt:

„Dienet dem Herrn mit Freuden, kommt vor sein Angesicht mit Frohlocken!"

Und im **8. Vers** schließt der **Psalm** dann: **„Denn der Herr ist freundlich, und seine Gnade währet ewiglich**..." - - -

° - ***Da freut sich einer an seinem*** **Gott**, - und er ***fordert mich auf, sich mit ihm zu freuen***, - mit ihm zu ***jubeln***, - gleichsam ***überzulaufen an Dank*** für diesen **großen Gott**, der so **freundlich ist** und **dessen Gnade kein Ende hat**... - - -

Im ***Gottesdienst*** im **Tempel** wird dieser **Lob-** und **Dankjubel** ***über*** **Gott** laut, - und ***ich soll einstimmen***...

° - Aber gibt es nicht auch oft ***Tage*** und ***Wochen***, in denen ***mir*** oder auch ***vielen anderen nicht nach*** **Loben** und **Danken** und schon gar nicht nach **Jubeln** zumute ist?!

Ein ***Gastronom***, - ein ***guter Bekannter***, sagte mir: ***„Mir steht das Wasser immer noch bis zum Hals***!" - - -

Oder wenn jemandem eine ***schwere Krankheit diagnostiziert*** wird, - wenn ***meine Partnerin*** oder ***mein Partner mich verläßt***, - die ***Familie*** und ***ihr Zusammenhalt zerbricht***, - ein ***naher Mensch gestorben ist***, und ich mich ***einsam*** und ***allein*** fühle...

Gott ***Loben***, - **„vor sein Angesicht kommen mit Frohlocken"**, - ihm **„mit Freuden dienen"**?? - - -

° - Mir fiel eine kleine Szene ein, die der ***berühmte Konzertpianist*** **Arthur Rubinstein** in seinem ***Tagebuch*** notiert hat (vgl. W. Hoffsümmer, „Kurzgeschichten 6", S. 111):

Als junger Mann war ich einmal sehr verzweifelt, - *ganz auf null*. - - *Ich hatte* ***kein Geld*** *und* ***konnte das Hotel nicht bezahlen***; - *ich war* ***nicht verliebt***; - ***mit meinen Eltern*** *war ich* ***ganz auseinander***...

Nachher, als ich auf die Straße kam, fühlte ich mich als ***neuer Mensch****:* ***Ich sah die Welt mit anderen Augen an****.*

*Ich sagte mir: „****Was bist du doch für ein Dummkopf****!“ - -*

Und ich spürte: ***Das Leben hat so wunderbare Dinge für uns bereit****:* ***Blumen, Musik, Poesie, Bücher, Gedanken, Liebe****. - -* ***Das kann uns niemand wegnehmen****...*

Ich habe eine merkwürdige Gewohnheit*:*

Ich freue mich jeden Morgen, wenn ich aufstehe, daß ich noch sehen kann, hören kann, riechen kann; - daß ich noch alle Sinne besitze, - daß ich noch gehen kann*...“*

Und ***die Welt*** und ***sein Leben*** sahen für **Rubinstein** mit einem Mal anders aus, weil er ***sich über Dinge freuen*** und ***für sie dankbar*** sein konnte, die ***ihm vorher selbstverständlich erschienen***... - - -

° - Eine ***kleine Geschichte*** möchte ich Ihnen für heute mitgeben (W. Hoffsümmer, Kurzgeschichten 2, Nr. 189 = S. 133f.):

Es war einmal ein **kleines Lob***, das größer werden wollte. - - Die Mutter strich ihm über den Kopf und meinte: „Ich fürchte, du bleibst ein kleines Lob. Vergiß nie:* ***Ein kleines Lob ist besser als der größte Befehl****!“ - -*

Auf seiner Wanderung in die weite Welt kam es zu einem ***Mann****, der gerade sein Auto wusch: „****Kannst du mich gebrauchen – zum Loben****?“, fragte das* **kleine Lob***... Aber der putzte weiter und sagte: „****Wozu loben****? - - Ich arbeite, damit ich Geld verdiene. Ich putze, damit mein Auto sauber wird. - - Alles, was ich tue, hat einen Nutzen.* ***Aber loben ist zu nichts nütze****.“ - -*

Das **kleine Lob** *schluckte und ging weiter...*

Kurze Zeit später sagte es zu einem ***Kind****: „****Ich fände es schön, wenn du mich brauchen könntest****!“ - -*

Da meinte der ***Junge*** *aufgebracht: „****Pah, - loben! Was denn? Etwa die Schulaufgaben, die ich jetzt machen mußt? – Oder daß mein Fahrrad einen Platten hat? – Oder daß mein kleiner Bruder immer schreit?***
- - Nein, - alles ist zum Ärgern*!“ - - -*

Das **kleine Lob** *schlich sich traurig davon.* ***Will denn niemand mehr loben****?? - -*

*Und das **kleine Lob** wandte sich an eine **alte Frau**. „**Wen soll ich denn loben?**“, sagte sie unzufrieden. „**Meine Kinder, die sich nicht um mich kümmern? - - Oder den Arzt, der schon seit Jahren an mir `rumdoktert?**“ - - -*

*„**Vielleicht könntest du ein kleines bißchen Gott loben?**“, sagte das **kleine Lob** vorsichtig...*

*„**Ach du liebe Zeit**“, rief die **alte Frau**, „**heute ist doch nicht Sonntag**?!“„**Vielleicht dafür**“, - das **kleine Lob** blieb hartnäckig, „**daß du noch lebst, - daß du immer zu essen hast, - die Sonne und die Blumen sehen kannst...“ - - „Was ist das alles gegen mein Rheuma und mein Alleinsein?“, unterbrach die alte Frau - - -***

*So wanderte das **kleine Lob** weiter. Es klagte: „**Alle fragen nur: `Warum? – Was bringt das? – Ich habe es zu schwer?**`- - -*

*Dabei gehöre ich doch zum Lebenswichtigsten überhaupt: **Leben, lieben und loben** – nur ein Buchstabe ist jeweils anders...*

*Wenn **das Leben lebenswert** ist, dann ist es auch **liebenswert** und dann ist es auch **lobenswert**... - - -*

*Und soll dann nicht auch der **gelobt werden**, der das Leben geschenkt hat??“ - - -*

*Und das **kleine Lob** kam zu dem Schluß: „**Wer sich Zeit nimmt, Atem zu holen, - wer wieder richtig sehen lernt, - wer die richtigen Maßstäbe setzt, - der kann danken und findet zur Freude zurück**...- -*

***Ja, - und der muß einfach loben**!“ - - -*

Danken, - zur Freude zurückfinden, - loben...

° - Daß Sie ***heute ein paar Gründe*** zum ***Danken*** und zur ***Freude*** finden, - das wünscht Ihnen Ihr **Wunstorfer Ruhestandspastor**

Wilhelm Thürnau

Telefon-Andacht am 24.6.`20

Guten Tag! Sie hören eine ***Andacht*** der **evangelischen Seeprovinz-Gemeinden** am **Steinhuder Meer**. ***Schön, daß Sie angerufen haben***!!!

° - Heute ist **Mittwoch**, der **24. Juni**.

Das **Bibelwort für heute** aus den „**Herrnhuter Losungen**“ steht im Buch des **Propheten Jesaja, Kap. 61,11** und heißt:

„Wie Gewächs aus der Erde wächst und Same im Garten aufgeht, so läßt Gott der HERR Gerechtigkeit aufgehen und Ruhm vor allen Völkern.“

° - Es waren ***traurige, dunkle*** und ***dürre Zeiten***, - damals, in der **2. Hälfte des 6. Jhs. v. Chr.** - -

40 Jahre lang war die ***Mehrheit der*** **Israeliten** nach der ***totalen Niederlage*** gegen das **neubabylonische Reich** in **Babylon** – **1.000 km** von der Heimat entfernt – ***gefangen gewesen***.

Die ***größte Krise*** nach der ***schwersten Niederlage*** des **Volkes Israel**...

Dann hatte der **Perserkönig Kyros II. 539 v. Chr. Babylon** ***erobert***, - den **Israeliten** die ***Rückkehr erlaubt*** und sogar ***Geld*** für den ***Neubau des vor*** **50 Jahren** ***zerstörten*** **Tempels** zugesagt.

° - Also: ***Die große Krise ist vorbei***!! - -

Nun wird das ***Leben in*** **Jerusalem** und in **Israel** wieder ***so schön und glanzvoll wie früher***...

An die ***schwierige Vergangenheit*** braucht ***niemand mehr*** zu ***denken***. –

Ist das nicht toll, daß es ***alles wieder so*** ist, ***wie*** es ***früher – vor der großen Krise*** - war!!?? - - -

Der **Tempel** ***glänzt*** wieder ***wunderschön und prächtig***, - die ***Wirtschaft boomt***, - - ***so erträumen sie es sich***, als sie aus **Babylon** in die ***Heimat*** zurückkehren.

° - Aber dort sieht es ***ganz anders*** aus als in ihren ***Träumen***:

Irgendwie – Zuhause angekommen – ***geht es nicht wirklich los***...

Mit dem ***Tempelbau*** will es ***nicht vorangehen***, - die ***Wirtschaft lahmt*** noch ***viele Jahre lang***...

Der *Neuaufbau* dauert ***viel länger als erwartet***; - - irgendwie ***geht es nicht vorwärts***...

° - Und dann tritt ein **Prophet** auf...

Und der sagt – und ich nehme schon den ***Vers vor der heutigen Losung*** aus **Jes 61,11** dazu:

61,10: „***Ich freue mich im Herrn, und meine Seele ist fröhlich in meinem*** Gott...

11) Denn gleichwie Gewächs aus der Erde wächst und Same im Garten aufgeht, so läßt Gott der HERR Gerechtigkeit aufgehen und Ruhm vor allen Heidenvölkern.“ - - -

Das ***Gewächs wächst***, und der ***Same***, - er ***geht langsam auf im Garten***...
° - Den **Israeliten** damals fiel es ***schwer, auf*** **Gottes** ***sichtbares Eingreifen*** in der Heimat, - auf **Gottes** ***spürbares Heilmachen alles Zerschlagenen zu warten***. - -

Und ich merke, wie auch mir das Warten schwerfällt!! - -

Das ***Warten*** auf das ***Ende der*** „**Corona-Pandemie**“; denn ich möchte doch, daß ziemlich ***bald alles wieder so wird, wie es vorher war***, - daß ich andere ***bei der Begrüßung umarmen*** kann – oder ihnen ***wenigstens die Hände schütteln***...

Daß ich ***im Gottesdienst laut und fröhlich singen*** kann!! - -

Daß ich ***ohne Maske einkaufen*** und ein ***Restaurant*** besuchen kann...

° - Und mir fällt mein, daß **Monica**, die Mutter des späteren ***Kirchenlehrers*** **Augustinus**, **40 Jahre lang** ***für ihren Sohn gebetet*** hat.

40 Jahre, in denen er ein ***ziemlich wüstes Leben geführt*** hat und ***nichts danach aussah***, daß sich ***bei ihm jemals etwas daran ändern*** würde.

Doch **seine Mutter** hat ***unbeirrt an ihrem Ziel festgehalten***. - - Sie hat ***weitergebetet***, - ***Tag um Tag***, - ***Jahr um Jahr***...

Und **Gott** – so hat sie es gesehen -, **Gott** ***hat*** schließlich ***ihre Geduld belohnt***:

Augustinus hat sich ***bekehrt***, - wurde in **Nordafrika** – in der Nähe des heutigen **Tunis** – **Bischof** – und ***einer der größten christlichen Lehrer und Theologen der Geschichte***...

° - 11) Denn gleichwie Gewächs aus der Erde wächst und Same im Garten aufgeht, so läßt Gott der HERR Gerechtigkeit aufgehen und Ruhm vor allen Heidenvölkern.“ - - -

„**Gerechtigkeit**“ wird ***wachsen***, - und „**Gerechtigkeit**“ meint in der **Bibel** „**Gottes gute Ordnung**“ ***gegen das Chaos***.

Eine **Ordnung**, die ***nicht einengt, sondern entfaltet***; - die ***nicht zubetoniert, sondern wachsen läßt; - die Leben nicht eingrenzt, sondern erst ermöglicht***.

„**Gerechtigkeit**“ meint, daß ***jedem das gegeben wird, was er braucht***.

Und ***diese*** **Gerechtigkeit** – sagt der **Prophet** – ***wird wachsen***, „**gleichwie Gewächs aus der Erde wächst und Same im Garten aufgeht**.“ - - -

° - **Hannelore Frank**, die in **Wenningstedt** auf der **Insel Sylt Pastorin** war – und die **1973** ***mit*** **46 Jahren** an ***Krebs*** starb.

In einem ***kurzen Text*** schrieb sie:

„Ich weiß heute sehr genau,
daß ich nicht deshalb glücklich bin,
weil die Welt so schön ist
und ich ein so fröhliches
Temperament habe;
ich weiß, daß ich immer nur fröhlich bin,
im Überwinden von Sorgen, Zweifeln,
Müdigkeit, Resignation und Krankheit
und daß ich das alles
nicht aus eigener Kraft überwinde,
sondern aus einer Kraft, die mir **Gott** ***schenkt***.“

Ich wünsche Ihnen, ***daß Sie*** heute und ***immer wieder einmal etwas von dieser Kraft, die*** **Gott** ***schenkt, erfahren***.

Sie läßt mich mit Zuversicht jeden neuen Tag erwarten, weil **Gott** ***mir in ihm begegnen will***.

Telefon-Andacht am 30.6.`20

Guten Tag! Sie hören eine ***Andacht*** der **evangelischen Seeprovinz-Gemeinden** am **Steinhuder Meer**. ***Schön, daß Sie angerufen haben***!

Heute ist **Mittwoch**, der **30. Juni**.

Das **Bibelwort für heute** aus den „**Herrnhuter Losungen**" steht in
Ps 27,8, - und da steht:

„Mein Herz hält dir vor dein Wort: „Ihr sollt mein Antlitz suchen." Darum suche ich auch, HERR, dein Antlitz."

° - Ich muß damals wohl so **4 Jahre alt** gewesen sein, - und wir ***besuchten*** unsere ***Großeltern mütterlicherseits*** in **Hagen**, wo ***unser Opa*** **Pastor** war.

Mein Bruder und ich schliefen in ***Opas Arbeitszimmer***, - worauf, weiß ich nicht mehr.

Es war ***nicht ganz dunkel***, - ***und da standen sie***, - auf dem ***Schreibtisch***, - oben auf dem ***Bücherregal***, - ***Büsten*** von irgendwelchen ***berühmten Männern*** – vielleicht **Luther**, - **Beethoven**, - **Goethe**, die unserem ***Opa etwas bedeuteten***.

Durch irgendein Geräusch ***wachte ich*** in der Nacht ***auf***, - und ich sah die ***bedrohlichen Schatten der Büsten***; - - und ich bekam ***furchtbare Angst***, die ich bis heute nicht vergessen habe...

° - ***Vor ein paar Tagen hatte ich gelogen***, - nicht die Wahrheit gesagt, - ***und diese bösen Schatten wollten mich bestrafen***, - und damit – so dachte ich – wollte **Gott** ***mich bestrafen***; denn die ***dunklen Büsten*** standen ja im ***Pastoren-Arbeitszimmer*** und waren für mich ***so etwas wie die Stellvertreter*** **Gottes**. - - -

Seine Stellvertreter da, - ***und*** **Gott**, die hatten für mich ein „***strafendes Antlitz***", - ein irgendwie ***furchteinflößendes Gesicht***. - - -

Gott war ***jemand***, vor dem man ***Angst haben*** und ***auf der Hut sein*** mußte – ***damals, für mich***... - - -

° - Und dann: „**Ihr sollt mein Antlitz suchen**"??? - - -

Irgendwie hat mich das geprägt, - für ***lange Jahre*** und ***Jahrzehnte***:

Ich dachte: ***Du mußt Leistung bringen – fromme Leistung*** -, damit „**Gottes Antlitz**", - ***damit*** **Gott** ***mir freundlich begegnen könnte***...

Und so stand **Gott** auch ***in meiner Arbeit als* Pastor** eher ***fordernd*** – und eben manchmal auch ***fast drohend***, mir gegenüber, - -

und ich versuchte, ***fleißig zu arbeiten, um ihn zufrieden zu stellen*** und vielleicht doch einmal ***ein Lächeln auf sein* „Antlitz“ *zu zaubern***...

° - ***Irgendwann*** – während einer ***längeren Entwicklung – begriff ich dann, daß ich das, was ich*** doch immer über **Gottes Liebe** ***zu predigen versucht hatte***, die ***in* Jesus Christus *sichtbar und erlebbar geworden*** war, - -

daß ich das zwar im Kopf wußte, - aber daß dieses Wissen mein Herz und meine Seele noch nicht erreicht hatte.

Und dann – es war nach einem ***sehr hilfreichen Gespräch*** mit einer mir ***gut bekannten Theologin*** – begann „**Gottes Antlitz**“ nach vielen Jahren mit einem Mal für mich ***freundlich und liebevoll zu leuchten***.

° - Und ***ich hörte ganz neu***, daß **Jesus** doch einmal gesagt hatte:

„**Wer mich sieht, der sieht den Vater**.“ (Joh 14,9). - - Und: „**Wer mich sieht, der sieht den, der mich gesandt hat**“ (Joh 12,45).

° - Ich habe dann ***weiter versucht, im Rahmen meiner Möglichkeiten gut zu arbeiten***, - aber nun ***nicht mehr aus Angst vor einem strafenden* Gott**, sondern ***aus Dankbarkeit für seine freundliche Gegenwart und Liebe***. - - -

Und ich begriff – nun nicht mehr nur im ***Kopf***, sondern auch im ***Herzen*** und in meiner ***Seele*** -, was David, der Sänger dieses 27. Psalms, aus dem die heutige Losung mit der Aufforderung, „Gottes Antlitz zu suchen“, stammt, - - ich begriff, was das meint, womit David diesen 27. Psalm beginnt:

„Der Herr ist mein Licht und mein Heil, vor wem sollte ich mich fürchten? – Der Herr ist meines Lebens Kraft; - vor wem sollte mir grauen?“ - - - (Ps 27,1).

° - Der große Maler **Marc Chagall**, der von **1887-1985** lebte, hat immer wieder eine ***alte jüdische Legende*** erzählt (in: **Waldemar Pisarski**, „***Auch am Abend wird es licht sein***“, S. 146):

„***Vor langer, langer Zeit*** ist die **Herrlichkeit Gottes** ***zerbrochen***, - ***seine sichtbare Anwesenheit unter den Menschen***.

Sie hat sich in **1.000** ***Splitter und Funken*** *geteilt und über die Welt gelegt. - Seitdem sind* ***überall*** *die* ***Spiegelsplitter göttlicher Herrlichkeit*** *zu finden. -*

Seitdem schimmert durch alles Dunkel der Welt das ewige Licht. *"*

Manchmal sehe ich ***solche Splitter*** im ***Lächeln eines Kindes***, - dann bin ich ***knapp einem Unfall entgangen***, - manchmal sehe ich sie ***in den Kindern und Enkeln aufleuchten***.

° - Liebe ***Hörerinnen*** und ***Hörer***!

Ich wünsche Ihnen, daß auch Sie immer wieder einmal „***Splitter und Funken***" von **Gottes** ***freundlicher Gegenwart*** bemerken, - und daß sie Ihnen ***Kraft geben, - auch in schwierigen Zeiten***.

Telefon-Andacht am 5.7.`20

Guten Tag! Sie hören eine ***Andacht*** der **evangelischen Seeprovinz-Gemeinden** am **Steinhuder Meer**. ***Schön, daß Sie angerufen haben***!

Heute ist **Sonntag**, der **5. Juli**.

Der **Wochenspruch** für ***heute*** und für die ***kommende Woche*** ist ein Wort aus **Gal 6,2**, wo der **Apostel Paulus** schreibt:

„Einer trage des andern Last, so werdet ihr das Gesetz Christi erfüllen."

„... des andern Last." - - -

Für „**Last**" steht in der ***griechischen Ursprache***, in der **Paulus** ja schrieb, das Wort „**βαρη**"...

° - Im **Griechischen** steht da: **Αλληλων βαρη βασταζεστε**! = ***Alläloon baräh bastazeste***!

Eigentlich ein ***Pluralwort***: „**Tragt einander die Lasten**!" - - -

βαρη ist der ***Plural*** von **βαροσ**, - - - unser Wort „**Barometer**" kommt daher; denn das **Barometer** mißt ja die „***Schwere***", - die „***Last***" der ***Luft***, - eben den ***Luftdruck***. - -

„**Tragt einander die Lasten**!" - - „***Seid ein* Barometer *füreinander auf eurem gemeinsamen Weg***", - so könnte man sagen...

Seid ***empathisch***, - ***meßt***, - ***spürt***, ***wie es um den anderen*** oder ***die andere steht***, - - ob ihn oder sie ***etwas freut oder*** vielleicht auch ***belastet***, - - und ***unterstützt euch dann, wenn ihr des anderen Belastung erkannt habt, gegenseitig***...

° - Eine ***kleine Geschichte*** dazu:

Komm, wir finden einen Schatz *(Die Geschichte, wie der kleine Bär und der kleine Tiger das Glück der Erde suchen)* ist der Buchtitel einer illustrierten Kindergeschichte von **Janosch**. ***Das Buch erschien*** erstmals **1979**.

Der ***bekannte Kinderbuchautor*** **Janosch** erzählt da die Geschichte, wie der **kleine Tiger** und der **kleine Bär** ***vom Reichtum träumen***, wie sie ***überall nach dem* Schatz *suchen***, wie sie ***tatsächlich reich werden*** und ***alles wieder verlieren*** und wie sie ***schließlich wieder nach Hause zurückkehren*** und ***dort bemerken, was das größte Glück der Erde ist***.

° - **Janosch** erzählt:

Einmal hatte der **kleine Bär** den ***ganzen Tag im Fluss geangelt***, aber er hatte ***keinen einzigen Fisch gefangen***.

Leerer Eimer, ***müde Knochen*** und ***kein Braten im Topf. Da wird*** sein Freund, der **kleine Tiger**, ***aber Hunger haben***. "***Heute gibt es keinen Fisch,* Tiger**", sagte der **kleine Bär**, "***denn ich habe keinen gefangen***."

Dann kochte er ***Blumenkohl*** aus dem Garten. Mit Kartoffeln, Salz und etwas Butter dazu.

"***Weißt Du, was das größte Glück der Erde wäre***", sagte der **kleine Tiger**. "***Reichtum***. Dann ***hättest du*** mir heute ***zwei Forellen kaufen können***. ***Forellen*** sind nämlich ***meine Leib- und Königsspeise***. Hm..."
Sie ***überlegten hin und her***, - und schließlich meinte der **kleine Tiger**: "***Komm, wir finden einen Schatz***."

Am nächsten Tag ging der **kleine Tiger** in den Wald, ***Pilze*** sammeln. Die haben sie auf dem Markt verkauft. Für das Geld haben sie ein ***festes Seil*** und eine ***neue Schaufel*** und ***zwei Eimer*** gekauft; ***denn das braucht man zum Schatzgraben***.

Erste Schaufel - Erde. Zweite Schaufel - Erde. ***Einen Meter tief***, das ***Loch***. ***Sieben Meter*** tief, das ***Loch*** und ***immer noch keine Kiste mit Gold und Geld***.

Da hörten die beiden dort auf zu graben und ***ruderten*** mit ihrem Boot ***über den Fluss***.

Auf der anderen Seite vom Fluss fing jetzt der **kleine Tiger** an zu graben. Einmal **der Bär** und einmal **der Tiger**. ***Erste Schaufel Erde***.
Zweite Schaufel Erde.
- - Nichts. - -
Da hörten sie dort auf zu graben und ***gingen durch den großen, wilden Wald***.

Auf der anderen Seite vom großen, wilden Wald fing der **kleine Bär** wieder an zu graben. ***Einmal der* Bär** und ***einmal der* Tiger**.
- - ***Wieder fanden sie nichts, - und gingen wieder weiter***.

"***Warum gehst du denn so krumm,* Tiger**?" fragt der **kleine Bär**.

"***Weil ich so unglücklich bin***", sagte der **kleine Tiger**. "***Weil wir keinen Schatz gefunden haben***." "***Dann steig auf***", sagt der **kleine Bär**, "***ich trag dich ein Stückel***."

"***Warum gehst du so krumm***?" fragte der **kleine Tiger**. "***Weil du so schwer bist, sagte der kleine* Bär**."

"***Dann bleib mal stehen, jetzt trag ich dich ein Stückel.***"
Dann trug wieder **der Bär** den **Tiger**, und dann wieder **der Tiger den kleinen Bären**. ***Jeder einmal, bis es Abend wurde.***

In der Nacht schliefen sie unter einem ***großen Baum***; denn sie waren müde vom weiten Weg. Als sie am nächsten Morgen aufwachten, sahen sie, dass sie ***unter dem Baum mit den goldenen Äpfeln geschlafen*** hatten.

So ein Glück.Der **kleine Tiger** flocht sofort ***zwei Körbe.***

Der **kleine Bär** ***kletterte*** sofort ***auf den großen Baum***. Sie haben ***die Körbe voll mit goldenen Äpfeln gefüllt***. Bis ganz oben hin. ***Sehr schwer zu tragen.***

"***Ich gehe schon ganz krumm***", sagte der **kleine Tiger**, "***weil mein Korb so schwer ist. Könntest Du mich bitte wieder ein Stückel tragen***?"

Aber das ging nicht, denn der **kleine Bär** ***trug ja schon einen Korb.***

Man kann nur eines tragen: seinen ***Korb mit Gold*** oder ***seinen besten Freund***. 'Weißt Du", sagte der **kleine Bär**, "***wir tauschen in der Stadt das*** **Gold** ***gegen*** **Geld. Geld** ***ist aus Papier und viel leichter zu tragen. Und wir sind genauso reich.***"

Als sie in der Nacht schliefen, kam der **Räuber Hablitzel** und hat ihnen ***das Geld gestohlen***. Jetzt hatten der **kleine Bär** und der **kleine Tiger** wieder nichts.

Nach einer Zeit fragte der **kleine Bär**: "***Warum gehst du so krumm,*** **Tiger**?"
"***Ich bin so unglücklich,*** **Bär**."

"***Dann steig auf, ich trag dich ein Stückel.***" Dann trug der **Tiger** wieder den **kleinen Bären**, und dann der **kleine Bär** wieder den **kleinen Tiger**.

"***Oh, Tiger, ist das Leben schön***", sagte der **kleine Bär**, wenn der **kleine Tiger** ihn trug.
- - Und ***dann natürlich auch umgekehrt***!! - - -

Oh was war das für ein Glück. Echt war."

Es ist – glaube ich - wirklich ***ein Glück, wenn einer meine Lasten mitträgt***, - und es kann auch mich mit ***Glück*** und ***Freude*** erfüllen, ***wenn ich mich um die Lasten einer anderen oder eines anderen kümmern kann.***

Daß Sie, liebe ***Hörerinnen*** und ***Hörer, dieses Glück, - dieses gute Gefühl*** immer wieder einmal erleben, - und vielleicht ja auch schon heute...

Telefon-Andacht am 11.7.`20

Guten Tag! Sie hören eine ***Andacht*** der **evangelischen Seeprovinz-Gemeinden** am **Steinhuder Meer**. ***Schön, daß Sie angerufen haben***!

Heute ist **Samstag**, der **11. Juli**.

Der **Monatsspruch** für den **Monat Juli** steht in den ***Geschichten vom großen Propheten*** **Elia** im **1. Buch der Könige, Kap 19,7**, - und dort steht:

„Der Engel des HERRN rührte Elia an und sprach: Steh auf und iß! Denn du hast einen weiten Weg vor dir."

° - ***Vor ein paar Tagen*** sprach ich ***am Telefon*** mit einem ***jungen*** **Pastoren-Kollegen** und fragte, ***wie es ihm denn in diesen schwierigen Zeiten so ginge***, - - und er sagte unter anderem:

„Also ***irgendwie*** ist es ***schon sehr komisch*** – und ***auch schade***. Ich darf ***keine Krankenhausbesuche*** machen, - auch sonst ***kaum Besuche***, – aber ich glaube, wir haben ***auch viele gute Ideen*** und ***versuchen, das Beste daraus zu machen***.

Wir haben ***tolle, - ganz tolle Leute in der Gemeinde*** die ***schöne, - wirklich schöne Video-Andachten*** machen, - wir bringen bei jedem ***Alten-Geburtstag*** ein ***Geburtstagsbüchlein*** und einen ***Gruß*** vorbei, - - und Ihr da in der **Seeprovinz** macht doch so **Telefon-Andachten**, - ist doch ***auch `ne schöne Idee***.

Also: ***Wir arbeiten eigentlich viel*** und ***im Rahmen der derzeitigen Möglichkeiten ganz gut***.

Aber dann ging die ***Nachricht von den Kirchenaustrittszahlen*** durch die Medien: ***im letzten Jahr*** sind ***mehr als eine halbe Million Kirchenmitglieder ausgetreten***, - aus der **Evangelischen Kirche 270 000**!!

Hat unsere Arbeit überhaupt noch einen Sinn??, - frage ich mich dann.

Und manchmal bin ich dann richtig mut- und hoffnungslos.

° - Der **Prophet Elia** hatte für den ***Glauben an den*** **Gott Israels** ***gekämpft***. Ein ***schwerer Kampf*** war das gewesen; denn **Isebel** die **Königin**, d***ie Frau des israelitischen*** **Königs Ahab**, war aus **Tyrus** gekommen und hatte von dort ***ihren Gott*** **Baal** mitgebracht – ***und wollte dessen Verehrung gegen den Glauben an Israels Gott durhsetzen***.

Und **Isebel** ist ***klug*** und ***mächtig*** – und sie verfolgt **Elia**, um ihn zu töten, - und ***er flieht***...

Völlig mut- und hoffnungslos legt er sich unter einen ***Wacholderstrauch*** und ***wünscht sich zu sterben***:

„Es hat doch alles keinen Zweck! Herr Gott, es ist genug, - laß mich sterben!“

° - Und dann heißt es in diesem ***alttestamentlichen*** **1. Buch der Könige** (19,5b-8):

(5b): **„Und siehe, ein Engel rührte ihn an und sprach zu ihm: Steh auf und iß! – denn du hast einen weiten Weg vor dir**!

6) **Und er sah sich um, und siehe, vor ihm lag ein geröstetes Brot und ein Krug mit Wasser. Und als er gegessen und getrunken hatte**...

8).... **stand er auf und ging durch die Kraft der Speise vierzig Tage und vierzig Nächte bis zum Berg Gottes, dem Horeb**.“ - - -

„***Steh auf und iß. Du hast einen langen Weg vor dir***.“

Noch immer ***keine Antwort***, ***- kein Trost***...

Aber ***Nahrung***, - und eine ***Richtung***: die ***nächsten Schritte***:

40 Tage und **40 Nächte** - - ***durch die Wüste***...

Und **Elia** ***erhebt sich*** aus seiner ***Totenstarre***, ***- ißt das Brot***, ***- trinkt das Wasser***, das da für ihn bereitsteht...

Noch immer ***keine Antwort***, ***- kein Trost***...

Aber ***Nahrung***, - und eine ***Richtung***: die ***nächsten Schritte***:

40 Tage und **40 Nächte** - - ***durch die Wüste***...

Leichter ist es offenbar nicht zu haben...

Und ***am Horizont*** ein ***Ziel***, - - und zugleich eine ***Erinnerung***: der **Berg Gottes**...

Hier fing alles an, - vor Jahrhunderten, - die **Geschichte Gottes** mit dem **Volk Israel**...

Elia kehrt ***zurück an den Anfang***, - zu den ***Wurzeln***, - - aber nicht nur an den ***Anfang*** des eigenen Lebens, - sondern auch zu den ***Wurzeln***, die ihn mit anderen Menschen, - mit seinem Volk verbinden, - ***zurück an den Ort, an dem*** **Gott** ***den*** **Bund** ***schloß*** und ihm durch **Mose** die **10 Gebote** gab.

Er begegnet seinem alten **Gott**, der ihn ***verlassen zu haben schien, wieder neu***... - - -

° - Wie bekomme ***ich***, - wie bekommt ***mein junger*** **Pastorenkollege** ***Kraft für die nächsten Schritte***, - wie bekommen wir ***Kraft für unseren Weg durch die*** **40 Tage**, - und die **Corona-Zeit** wird ja ***noch viel länger dauern***.

Wie geht die **christl Gemeinde** damit um, ***daß so viele sie verlassen***, - und ***wie macht sie sich trotzdem mit Mut und Hoffnung von neuem auf den Weg***?? - -

° - ***Geröstetes Brot – Brot des Lebens – Lebensbrot*** – ein ***Krug mit Wasser - -***, ***Nahrung*** für ***Leib*** u n d ***Seele***, - ***innere Stärkung***, - ***Heilung***...

Für **Elia**, der so lange unterwegs war, war es sicher ***eine richtige Mahlzeit***, die ihm guttat..

Für den **Pastoren-Kollegen** ist es vielleicht ein ***tröstendes*** und ***aufrichtendes Gespräch***, in dem auch ***gut zugehört*** wird, - daß er auch einfach ***seinen Frust `mal `rauslassen*** kann und ***sich mit ihm verstanden fühlt***.

Bei anderen kann das ***die Familie*** sein, die ***stärkt*** und ***kräftigt***.

Bei mir waren es immer wieder einmal ***Gespräche***, - aber dann eben auch ***Gottesdienste*** – oder auch ein ***Lied, das mir unter die Haut ging***, - so wie **Bonhoeffers** ***„Von guten Mächten wunderbar geborgen“*** zum Beispiel... - - -

Elia jedenfalls ***geht wieder los, - geht weiter***, - **40 Tage** und **40 Nächte**, - - und er kommt an am **Berg Gottes** – ***und erfährt*** **Gott** ***wieder neu***...

° - Ich wünsche Ihnen, liebe ***Hörerinnen*** und ***Hörer***, daß Sie ihn wahrnehmen, - ihn sehen, den **Krug mit Wasser** und das **geröstete Brot**.

Spuren von **Gottes freundlicher Gegenwart** ***in Ihrem Leben***, - und daß ***diese Spuren*** Ihnen ***Kraft geben***, - daß **Gott** ***Ihnen Kraft gibt***, - die nächsten **40 Tage** und **40 Nächte** und ***immer dann, wenn Sie diese Kraft brauchen unterwegs***.

Telefon-Andacht am 18.7.`20

Guten Tag! Sie hören eine ***Andacht*** der **evangelischen Seeprovinz-Gemeinden** am **Steinhuder Meer**. ***Schön, daß Sie angerufen haben***!

Heute ist **Samstag**, der **18. Juli**.

Das **Losungswort *für heute*** steht beim
Propheten Jesaja Kap. 43,13. Dort heißt es:

„Gott spricht: Auch künftig bin ich derselbe, und niemand ist da, der aus meiner Hand erretten kann. Ich wirke: Wer will`s wenden?“ - - -

Bis es ***Ende*** **1957** einem ***Brand*** zum Opfer fiel, haben **meine Großeltern väterlicherseits** die **ersten 10 Jahre meines Lebens** mit uns im **Pfarrhaus** in **Altenhagen** gewohnt.

Und ***in dieser Zeit***, - da war **Gott *für mich ganz nahe***, - ***er wohnte gleichsam hinter dem Zaun***; - - denn **meine Oma** erzählte mir die ***Geschichten aus der*** **Bibel** so, ***als wären sie gerade eben – und als wären sie in unserer Umgebung geschehen***:

So fand **Jesu Sturmstillung** und **sein Wandel auf dem See** selbstverständlich auf dem **Steinhuder Meer** statt, - - und die **Bergpredigt**, die hatte er ***klarer- und natürlicherweise auf dem*** **Deister** gehalten, den man ***von Omas Wohnung oben im Pfarrhaus*** klar und deutlich ***rechts neben der*** **Kirche** sehen konnte; - - oder war es vielleicht doch der **Atjeberg** zwischen **Hagenburg** und **Düdinghausen**?? - - -

Und **Jesus**, - der lebte im **Hagenburger Schloß**...

Gott und **Jesus**, - - irgendwie waren die ***durch Omas Erzählungen ganz nah***.

Das hat sich dann für mich ***langsam geändert***...

Irgendwie wurde **Gott *ferner***, - vielleicht auch manchmal ***unverständlicher***; - - für den ***Jugendlichen*** und ***erwachsen Werdenden*** waren die Dinge ***nicht mehr so klar und eindeutig*** wie für die **Oma**.

° - Den **Israeliten** war es ***so ähnlich gegangen***:

In alten Zeiten war **Gott** dem **Abraham** zum Beispiel ***noch ganz nah***, - ***noch von Person zu Person begegnet***.

Mit **Mose** hatte er ***geredet***, **„wie ein Mann mit seinem Freunde redet“** (Ex 33,11).

Aber spätestens als der ***babylonische Großkönig*** **Nebukadnezar II. 587 v. Chr. Jerusalem** und den **Tempel** mit seiner Heeresmacht ***zerstört*** hatte, - eben auch den **Tempel**, der doch ***„die ganz nahe*** **Wohnung Gottes** ***unter den Menschen***" war, - - ***spätestens da war*** **Gott** ***in weite ferne gerückt.***

Die ***jüdische Oberschicht*** wurde nach **Babylon** ins ***Exil***, - in die ***Gefangenschaft*** weggeführt, - und da – ***in der Fremde -, da war von*** **Gott** ***wirklich nichts mehr zu spüren***.

Man merkte ihn nicht mehr, - man machte ***keine Erfahrung mehr mit ihm***...

° - Und dann tritt da **ein Prophet** auf – ***in der Fremde, in*** **Babylon** –, und er sagt zum Beispiel am **Anfang des 43. Kap. des Jesajabuches**, aus dem die **heutige Losung** stammt – in **V. 1**:

„Fürchte dich nicht; - ich habe dich erlöst; - ich habe dich bei deinem Namen gerufen; - du bist mein."

Und in dem **Losungstext** in demselben **43. Kap. in V. 13** dann eben:

„Auch künftig bin ich derselbe, und niemand ist da, der aus meiner Hand erretten kann. Ich wirke: Wer will`s wenden?" - - -

Auch dann, wenn du nichts von mir zu spüren meinst, - wenn dir das ***Vertrauen in*** und die ***Hoffnung auf eine gute Zukunft kaum noch möglich*** zu sein scheint: ***„Ich bin dir dann trotzdem nah***!" - -

„Auch künftig bin ich derselbe... und wirke, - bin am Werk." - -

° - Der ***Reformator*** **Martin Luther** fällt mir ein. ***Er kannte viele Ängste***, die es unter uns Menschen ja nicht erst seit **„Corona**" und seit der ***drohenden*** **„Klimakatastrophe**" gibt.

Vor den ***immer mehr nach Mitteleuropa andrängenden*** **Türken** fürchtete man sich damals, - und **1529** – mitten in der **Reformationszeit** – standen sie ***zum ersten Mal vor*** **Wien**...

Immer wieder flammten in ganzen Landstrichen **Pestepidemien** ***auf***, - und ***eine ganz schwere*** erlebte **Luther** in seiner Stadt **Wittenberg** im Jahre **1527**, - **10 Jahre** ***nach*** der Veröffenbtlichung seiner berühmten **„95 Thesen gegen die Ablaßbriefe**".

Auf dem Höhepunkt der **Pestepidemie** in **Wittenberg** und **Sachsen**, schrieb **Luther** ***eines seiner berühmten*** **Lieder**:

„Ein feste Burg ist unser Gott, ein gute Wehr und Waffen. Er hilft uns frei aus aller Not, die uns jetzt hat betroffen..“

Glaubenszuversicht und ***Hoffnung g e g e n alle Angst***, - - die ***Erfahrung***, daß **Gott** ***nicht immer am Leid vorbeiführt, aber daß er durch es hindurch begleiten will***, - daß er ***trotz allem nahe sein will***...

° - ***Mir fällt sie manchmal schwer***, - diese ***Glaubenszuversicht***, - diese ***Hoffnung auf den nahen*** **Gott**.

Und dann gehe ich manchmal über den ***Friedhof hinter der*** **Hagenburger Nicolai-Kirche**.

Es ist ***längst eingeebnet***, - das ***Grab meiner*** **Oma**, - aber ***ich weiß noch, wo es war***, - - und ***ich bleibe einen Moment stehen***...

Und manchmal meine ich sie wieder erzählen zu hören, von dem ***nahen*** **Gott** und ***seiner freundlichen Gegenwart***, an den sie ***geglaubt hat***, - ***ganz fest – trotz der Erfahrung zweier Weltkriege***, die sie ***in ihrem langen Leben gemacht*** hat.

Liebe ***Hörerinnen*** und ***Hörer***!

Ich wünsche Ihnen immer wieder einmal eine ***Erfahrung von*** **Gottes** ***Nähe***, - die ***Erfahrung***, daß ich mich daran festmachen kann, was das **Losungswort** ***für heute*** sagt:

„Gott spricht: Auch künftig bin ich derselbe, und... ich wirke.“ - - -

Telefon-Andacht am 24.7.`20

Guten Tag! Sie hören eine ***Andacht*** der **evangelischen Seeprovinz-Gemeinden** am **Steinhuder Meer**. ***Schön, daß Sie angerufen haben***!

Heute ist **Freitag**, der **24. Juli**.

Das **Losungswort** ***für heute*** steht beim **Propheten Jesaja Kap. 63,19**. Dort heißt es:

„**Ach dass du den Himmel zerrissest und führest herab**!"

Und das ***zugehörige*** **Lehrtextwort** aus dem **Neuen Testament** steht **Mt 6,13**, - und dort steht:

„**Erlöse uns von dem Bösen**."

° - Liebe ***Hörerinnen*** und ***Hörer***!

Was ist das für eine Welt, in der wir leben!! - -

Wir haben ***offensichtlich nichts gelernt*** aus den **2 Weltkriegen**, den ***großen Weltkatastrophen des letzten Jahrhunderts*** mit ihren **über 80 Millionen Toten**!! - - -

Es wird wieder ***aufgerüstet*** und ***Krieg geführt*** und an vielen Ecken der Welt ***gezündelt***, - nicht nur in **Syrien**, im **Sudan**, in **Mali** und der **Ukraine**.

Noch nie waren ***so viele Menschen auf der Flucht***, - und ***seit der schweren*** **Corona-Krise** sind ***wieder sehr viel mehr Menschen vom Hungertod bedroht***...

Die **Klimakatastrophe** ***droht nicht nur***, sondern ***hat schon fühlbar begonnen***.

Aber irgendwie scheint ***alles andere wichtiger*** zu sein, - und die ***Politik scheint zu denken***:

„***Vor uns die Wahlen und nach uns die Sintflut***!!" - - -

So sieht es jedenfalls für den Beobachter aus...

° - ***Was für eine Welt übergeben wir Kindern und Enkeln***??!! - - -

° - Die **Juden** waren vom **persischen Großkönig Kyros II.** aus der ***Gefangenschaft in*** **Babylon** befreit worden...

Aber irgendwie: Ein ***ähnliches Gefühl wie heute***:

„Gott, *- von deinem* versprochenen Heil, *- vom* guten und erfüllten Leben in Freiheit *und* ohne Angst *für alle, - - davon spüren wir nicht viel*!" - - -

„*Wir spüren nur,* Gott, *deine* Ferne, *deine* Abwesenheit, *- wir spüren nur* \`Gottesfinsternis\`!" - - -

Die ***heiligen Städte***: Nach wie vor ***Wüste***! - - Der **Tempel**: Ein ***wüster Ort***! - - **Jerusalem**: Nach wie vor ***zerstört***, ***verbrannt*** und ***zuschanden***!

° - Und dann ruft der **Prophet** ***ganz verzweifelt*** – und ***vielleicht auch zornig***:

„Ach, daß du den Himmel zerrissest und führest herab!" –

Und ***dazu paßt*** der **neutestamentliche Text** für heute:

„Erlöse uns von dem Bösen!" - - -

Das ist das erste, was ***ganz zu Anfang der*** **Bibel** ***vom*** **Menschen** ***gesagt*** wird:

Nachdem **Adam** und **Eva**, weil sie **Gott** ***mißtraut*** haben, - die ***ursprüngliche vertrauensvolle Beziehung zerstört*** haben, - nachdem sie ***dadurch das Paradies verspielt haben***, - wird als ***erste Geschichte außerhalb des Paradieses*** erzählt, wie **Kain** seinen ***Bruder*** **Abel** ***totschlägt***...

Verschiedene weitere Greueltaten werden erzählt, - - und als ***Ergebnis*** heißt es:

„Das Dichten und Trachten des Menschen ist böse von Jugend auf!" (Gen 6,5 + 8,21)

° ***- Ja, - wir leben tatsächlich nicht mehr im Paradies***!! - - -

Und vom **Bösen** erzählt ***jedes einzelne Jahr*** in unserer ***jahrtausendealten Menschheitsgeschichte***...

° - Auch **Jesus** wußte um ***all\` das*** **Böse**, das ***unsere Welt beherrscht*** mit ***Haß, Gewalt, Mord*** und ***Krieg***, - - und deshalb hat er ***diese Bitte*** **„Erlöse uns von dem Bösen"** in ***sein Gebet***, - ins „**Vaterunser**" aufgenommen.

„Ach, daß du den Himmel zerrissest und führest herab!" –

° **- Christen** glauben, daß **Gott** ***herabgefahren*** ist, - in dem ***armen Mann*** **Jesus von Nazareth**.

„**Gottes Reich**“ ist mit ihm ***noch nicht sichtbar auf die Erde gekommen***, - - aber ***einige Spuren***, die sind ***immer wieder da***, - und ***wir sind eingeladen, sie zu verstärken, - g e g e n alles Böse***:

° - ***Von einer Spur***, die ich kennengelernt habe, ***will ich noch kurz erzählen***:

Nachdem im **April 1986** das **Atomkraftwerk Tschernobyl** in der **Ukraine** ***explodiert*** war – mit all' den ***furchtbaren Folgen radioaktiver Verstrahlung***, begann **1990** eine ***bundesweite Hilfsaktion verschiedener*** **Landeskirchen**, - auch in **Wunstorf** und **Hagenburg** und **Sachsenhagen**.

Familien nahmen ***Kinder*** aus der ***verstrahlten großen Region*** im ***Osten*** **Weißrußlands** auf.

Eine ***große Initiative***, die ***viel Zeit und Kraft*** und ***auch finanzielles Engagement vieler Familien gefordert*** hat, - ***aber so den Kindern*** **4 glückliche Wochen** ***in gesunder Luft und mit gesundem Essen, mit viel Liebe und Betreuung ermöglicht hat***.

° - Ein bißchen ***Liebe*** statt ***Haß***, - ein bißchen ***Völkerverständigung*** statt ***Völkerfeindschaft*** trotz ***ziemlicher Sprachschwierigkeiten*** oft zwischen ***Gasteltern*** und ***Kindern***.

Nein, - der Himmel ist immer noch nicht zerrissen und **Gott** ***immer noch nicht für alle sichtbar und alles Böse zerstörend herabgefahren***, - aber es stimmt jedenfalls auch nicht, daß ich, - daß wir ***seine Spuren in dieser Welt*** nicht an unserem Ort des Lebens ***verstärken könnten*** – und e***in bißchen mehr im Geiste des*** **Jesus von Nazareth** ***handeln könnten***.

° - Auf einem Symposion seiner ***Initiative „Schutzräume für Kinder***“ wurde **Peter Maffay** gefragt, ob sein Einsatz nicht nur ein ***Tropfen auf den heißen Stein*** sei.

„***Ja***“, sagte er: „***Aber was ist denn die Alternative? Nichts tun***?“

° - Ein **Sprichwort der Xhosa**, eines **südafrikanischen Volkes** lautet:

„***Viele kleine Leute, an vielen kleinen Orten, die viele kleine Dinge tun, können das Gesicht der Welt verändern***.“

Liebe ***Hörerinnen*** und ***Hörer***!

Heute entlasse ich Sie eher mit Fragen als mit Antworten.

Vielleicht können ***Sie und ich ja heute einmal*** die „***kleinen Dinge***“ suchen, ***die wir ändern und tun können***!!

Telefon-Andacht am 31.7.`20

Guten Tag! Sie hören eine ***Andacht*** der **evangelischen Seeprovinz-Gemeinden** am **Steinhuder Meer**. ***Schön, daß Sie angerufen haben***!

Heute ist **Freitag**, der **31. Juli**.

Das **Losungswort** ***für heute*** steht im **2. Buch Mose 23,1**, wo es heißt:

„**Du sollst kein falsches Gerücht verbreiten.**"

° - Liebe ***Hörerinnen*** und ***Hörer***!

„***Haben Sie schon gehört...***" - -

„***Ich wollte Ihnen nur `mal ganz im Vertrauen sagen...***" - -

„***Übrigens soll sie ja tatsächlich von ihm schwanger sein...***" - -

„***Man hat sie ja schon mehrfach gegen Abend mit einem anderen Mann gesehen...***" - -

„***Sie soll die Treppe heruntergefallen sein, - aber man weiß ja, was in solchen Fällen dahintersteckt...***" - - -

° - In seinen „**75 Fabeln für Zeitgenossen**" erzählt **James Thurber** (1894 – 1961) unter anderem (= W. Hoffsümmer, „Kurzgeschichten 3", Nr. 158, S. 101):

„Es war einmal... eine ***Kaninchenfamilie***, die ***unweit von einem Rudel Wölfe*** lebte. Die ***Wölfe*** erklärten immer wieder, daß ihnen die ***Lebensweise der Kaninchen*** ganz und gar nicht gefalle. (Von ihrer eigenen Lebensweise waren die Wölfe begeistert; denn das war die einzig richtige.)

Eines Nachts fanden ***mehrere Wölfe*** bei einem ***Erdbeben*** den ***Tod***, und die ***schuld*** daran wurde den ***Kaninchen*** zugeschoben, ***die ja, wie jedermann weiß, mit ihren Hinterbeinen auf den Erdboden hämmern und dadurch Erdbeben verursachen***.

In einer anderen Nacht wurde einer der ***Wölfe vom Blitz erschlagen***, und ***schuld daran*** waren wieder die ***Kaninchen***, die ja, wie jedermann weiß, ***Salatfresser sind*** und ***dadurch Blitze verursachen***.

Eines Tages kam eine ***schreckliche Überschwemmung***, und ***viele Wölfe ertranken***. Daran waren ***die Kaninchen schuld***, die ja, wie jedermann weiß, ***Mohrrübenknabberer mit langen Ohren*** sind und ***dadurch Überschwemmungen verursachen***.

Die Wölfe fielen über die Kaninchen her – natürlich, ***um ihnen zu helfen*** – und ***sperrten sie in eine finstere Höhle*** – natürlich, ***um sie zu schützen***.

Wochenlang hörte man nichts von den ***Kaninchen***, und schließlich fragten ***die anderen Tiere*** bei den ***Wölfen*** an, ***was mit ihren Nachbarn geschehen sei***.

Die ***Wölfe*** erwiderten, die ***Kaninchen*** seien ***gefressen*** worden, - und ***da sie gefressen worden seien***, handle es sich um eine ***rein innere Angelegenheit***.

Die ***anderen Tiere*** drohten jedoch, ***sich unter Umständen gegen die Wölfe zusammenzuschließen, wenn die Vernichtung der Kaninchen nicht irgendwie begründet würde***.

Also gaben die *Wölfe* einen ***Grund*** an: „***Die Kaninchen sind Feinde der ganzen Tierheit, wie ihr wißt. Und wir mußten die gesamte Tierheit vor ihnen schützen***."“

° - „***Diese vielen Rumänen nehmen uns unsere Frauen und unsere Arbeitsplätze weg***...“ - - -

„***Die Türken machen mit ihrem Islam unsere ganze abendländische Kultur kaputt***...“ - - -

„***Die Afrikaner kommen auch nur, um sich bei uns in die soziale Hängematte zu legen***...“ - - -

° - (Paul Jakobi, „Damit die Saat aufgeht“)

S. 111: „Zum **weisen Sokrates** kam einer gelaufen und war voll Aufregung.

„***Höre,*** **Sokrates,** ***- das muß ich dir erzählen, wie dein Freund***...“

„***Halt ein***!“, unterbrach ihn der Weise, „***hast du das, was du mir sagen willst, durch die*** **drei Siebe** ***gesiebt***?

Laß sehen, ob das, was du mir zu sagen hast, durch die **drei Siebe** ***hindurchgeht***.

Das **erste Sieb** ***ist die Wahrheit***. - - - ***Hast du alles, was du mir erzählen willst, geprüft, ob es wahr ist***?“

„Nein, ich hörte es erzählen und..."

***„So, so! Aber sicher hast du es mit dem* zweiten Sieb *geprüft, - es ist das* Sieb der Güte.**

***Ist das, was du mir erzählen willst – wenn schon nicht als wahr erwiesen -, so doch wenigstens gut*?"**

Zögernd sagte der andere: ***„Nein, das nicht, - im Gegenteil*....**"

***„Hm*"**, unterbrach ihn **der Weise**, ***„so laß und auch das* dritte Sieb *noch anwenden und laß uns fragen, ob es notwendig ist, mir das zu erzählen, was dich so erregt*!**"

***„Notwendig nun gerade nicht*...**"

***„Also*"**, lächelte **der Weise**, ***„wenn das, was du mir erzählen willst, weder wahr noch gut, noch notwendig ist, so laß es begraben sein und belaste dich und mich nicht damit*!**"

° - **Jesus** sagt von sich: **„Ich bin der Weg, die Wahrheit und das Leben"** (Joh 14,6).

Und: **„Ich bin gekommen, um von der Wahrheit Zeugnis zu geben"** (Joh 18,37).

° - ***Lügen**, **Fake News, Gerüchte*** über andere, - - ***noch nie konnten sie sich so schnell verbreiten***, wie zu Zeiten von **Facebook** und **Twitter** und **Instagram**.

Und deshalb war es ***wohl noch nie so wichtig, sich dagegen zu stellen***!!

Und deshalb ist unser Losungswort für heute wohl aktueller denn je: „

„Du sollst kein falsches Gerücht verbreiten."

Telefon-Andacht am 7.8.`20

Guten Tag! Sie hören eine ***Andacht*** der **evangelischen Seeprovinz-Gemeinden** am **Steinhuder Meer**. ***Schön, daß Sie angerufen haben***!

Heute ist **Freitag**, der **7. August**.

Liebe ***Hörerinnen*** und ***Hörer***!

Am **9. April dieses Jahres** ist es **75 Jahre her** gewesen, daß der ***Theologe*** und ***Widerstandskämpfer*** **Dietrich Bonhoeffer** im **KZ Flossenbürg** in der **Oberpfalz** auf ***persönlichen Befehl*** **Adolf Hitlers** ***umgebracht worden*** ist.

° - Von ihm stammen unter anderem die ***berühmten Verse***, die er im **Dezember 1944** in der **Gestapo-Gefängniszelle** in **Berlin-Tegel** schrieb:

„***Von guten Mächten wunderbar geborgen***
erwarten wir getrost, was kommen mag.
Gott ist mit uns am Abend und am Morgen
und ganz gewiß an jedem neuen Tag."

° - Und dieser **Dietrich Bonhoeffer** hat einen Satz gesagt, der ***mich schon als Student nachdenklich gemacht*** hat: („***Widerstand und Ergebung***" – Neuausgabe, S. 307f.):

„Ich möchte von Gott nicht an den Grenzen, sondern in der Mitte, nicht in den Schwächen, sondern in der Kraft, - nicht also bei Not und Schuld, sondern im Leben und im Guten des Menschen sprechen....

Gott ist mitten in unserem Leben jenseits. Die Kirche steht nicht dort, wo das menschliche Vermögen versagt, an den Grenzen, sondern mitten im Dorf..."

„Nicht an den Grenzen, sondern in der Mitte des Lebens..." - -

Wir sind das ***anders gewöhnt***:

Ja, - wenn`s ans ***Sterben*** geht, - - ***Tod, Beerdigung***, - da darf man von **Gott**, vom ***Glauben***, von der ***Hoffnung*** reden, - - da ist das ***christliche Symbol des Kreuzes*** ein ***Zeichen***, das ***auch völlig unkirchliche Menschen verwenden***...

Und da spricht man dann ***im Trauergespräch*** mit dem **Pastor** ein ***Gebet*** mit; - - oder wenn eine ***schwere Krankheit*** kommt, - dann kommt ein ***Stoßseufzer***: „**Gott, *- hilf mir und laß mich nicht allein***!" - - -

Aber ***im ganz normalen, alltäglichen Leben***, - - in ***Saft*** und ***Kraft***, - in ***Freude*** und ***Glück***, - in der ***S t ä r k e*** und ***M i t t e des Lebens***:

Wann rede ich da über **Gott** und über ***meinen Glauben***?" - - -

Ich habe in meinen **40 Dienstjahren** eine ***ganze Reihe schwieriger Sterbefälle*** erlebt: Ein ***9 Monate altes Kind starb*** zum Beispiel, - wahrscheinlich an ***Nitrat-Vergiftung***, - und ich hatte es ***gerade vor 4 Monaten getauft*** und gesagt, daß es ***unter* Gottes Segen *behütet*** sein würde...

Mehrfach ***plötzlicher Kindstod***. - -

Mit unserer „**Hospiz-Gruppe**" begleiteten wir einen erst ***27-jährigen ALS-Kranken, - Suizide***...

Ein ***tödlicher Unfall*** im **Schacht Bokeloh**, - und ich wurde ***mitten in der Nacht*** als ***Notfallseelsorger*** gerufen...

Und häufig hatten die Menschen, mit denen ich da zusammen war, ***keine Sprache***, ***um dieses Geschehen*** eines ***schrecklichen Unglücksfalles***, - einer ***furchtbaren, unaufhaltsamen Krankheit***, - um diesen ***furchtbaren Schreck eines plötzlichen Kindstodes zu bewältigen – oder mit einer solchen Bewältigung auch nur in ganz kleinen Schritten anzufangen***...

Sie wußten nicht mehr – oder sie hatten nie gewußt, ***wie man in einer solchen Situation von* Gott *oder zu* Gott *sprechen könnte***, - um ***vor ihm zu klagen*** und um sich nach ***Klage*** und ***Schmerz***, die man vor ihm ausbreitet, vielleicht auch wieder ***trösten zu lassen***...

Sie hatten ***in guten und glücklichen Tagen*** diese ***Sprache des Glaubens nicht gelernt***, - oder sie hatten sie ***wegen mangelnder Übung*** mit den Jahren ***verlernt***...

° - Der ***berühmte Pianist*** **Arthur Rubinstein** sagte einmal: „***Wenn ich einen Tag nicht übe, merke ich es. Wenn ich zwei Tage nicht übe, merken es meine Freunde. Wenn ich drei Tage nicht übe, merkt es das Publikum***." - -

Der ***alte Berliner Bischof*** **Otto Dibelius** sagte dazu: „***Mir geht es ähnlich mit dem Beten: Wenn ich einen Tag nicht bete, merkt es Gott. Wenn ich zwei Tage nicht bete, spüre ich es selber. Wenn ioch drei Tage nicht bete, spürt es meine Umgebung***" (W. Hoffsümmer, „Kurzgeschichten 3", S. 69 = Nr. 100).

Vielleicht sollten wir das ***wieder oder*** auch ***zum ersten Mal üben, unserem Glauben wieder Sprache zu geben***; denn er ***versteht sich nicht mehr von selbst***, - und ***hat sich ja eigentlich auch nie von selbst verstanden***...

° - ***Glaube vererbt sich nicht automatisch***... - - -

° - **Eisbären-Vater** und **Eisbären-Sohn** unternehmen einen ***Sonntagsspaziergang***...

Der Eisbären-Sohn***: „****Sag` mal, Pappi, waren deine Eltern auch Eisbären****?“***

- - - „*Ja, mein Junge***!“ - -**

*„Und Muttis Eltern auch****?“- - „****Ja, - Muttis Eltern auch****!“ - -***

*„****Und eure Omas und Opas waren alle Eisbären****?“ - - „****Ja, - alle****!“*

„Komisch“*, sagte da der* ***kleine Eisbär****, „****aber ich f r i e r e*** *„. - -*

° - **Der kleine Eisbär friert**, - und es nützt ihm gar nichts, daß ***Oma*** und ***Opa*** und ***Papa*** und ***Mama***, - daß die ein ***dickes Eisbären-Fell*** haben...

Er muß selber ein richtiger, eigener Eisbär werden, - mit einem eigenen, dicken Eisbären-Fell... - - -

Wie kann ich, - wie können wir ***den Glauben*** weitergeben, - wie kann ich an meinem Teil verhindern, daß die großen ***Hoffnungs-*** und ***Vertrauensquellen***, die ***christlicher Glaube*** schenken kann, - ***daß die nicht still und heimlich versiegen.***

° - ***In der Mitte unseres Lebens***, - in unserem ***ganz normalen, alltäglichen Leben***, da erweist unser ***Glaube*** seine ***Kraft***, - da erweist unsere ***Hoffnung*** ihre ***Tragfähigkeit***...

Tragfähige Hoffnung für heute und die kommenden Zeiten wünscht Ihnen ihr **Wunstorfer Ruhestandspastor Wilhelm Thürnau**.

Telefon-Andacht am 19.8.`20

Guten Tag! Sie hören eine ***Andacht*** der **evangelischen Seeprovinz-Gemeinden** am **Steinhuder Meer**. ***Schön, daß Sie angerufen haben***!

Heute ist **Mittwoch**, der **19. August**.

Die **Losung** für heute steht im **2. Buch Mose, Kap. 33,13** und heißt:

„Mose sprach zu dem HERRN: Habe ich denn Gnade vor deinen Augen gefunden, so laß mich deinen Weg wissen... Sieh doch, daß dies Volk dein Volk ist.“

Liebe ***Hörerinnen*** und ***Hörer***!

Immer noch fällt Vieles aus, - viele ***Veranstaltungen***, - und ich habe gerade ein ***Treffen mit meinen alten Vikarskollegen*** im ***storniert***, mit denen ich **1975** ***ein Jahr im*** **Kloster Loccum** ***gelebt*** und ***gelernt*** habe. - - ***Schade***, - ***sehr schade***.

Und anderen geht es an die ***wirtschaftliche Existenz***, - ***noch viel schlimmer***!!

Wie wird es weitergehen, - was wird die Zukunft bringen??

° - Die **Losung** für heute - **„Mose sprach zu dem HERRN: Habe ich denn Gnade vor deinen Augen gefunden, so laß mich deinen Weg wissen...Sieh doch, daß dies Volk dein Volk ist.“**

Dieser **Losungstext** stammt aus einer ***alten Geschichte***.
Auch in ihr geht es um die Frage: ***Wie wird es weitergehen, - was werden die nächsten Zeiten bringen***?? - -

Und sie ***erzählt etwas davon, wie einer mit der unbekannten kommenden Zeit umzugehen versucht***.

° - Ich lese einige Sätze aus dieser ***alten Geschichte***:

*„**Mose** sprach zum Herrn: „**Wenn ich wirklich Gnade vor deinen Augen gefunden habe und das Volk aus Ägypten hinaufführen soll** in jenes fremde Land, - - dann **laß mich deine Pläne wissen**, damit ich dich erkenne.“ -*

*Der **Herr** sprach: „Soll mein Antlitz vor dir hergehen und dich an dein Ziel bringen?“ - -*

*__Mose__ sagte zu ihm: „**Wenn dein Antlitz – wenn deine spürbare Gegenwart nicht mitgeht, - dann laß uns erst gar nicht von hier hinaufziehen!**“ - - -*

° - Ich höre in dieser ***alten Geschichte*** etwas von dem Gefühl: ***Was kommt, weißt du nicht***!! - -

Mose hat ja einiges hinter sich. - - Er weiß, was es heißt, noch einmal davongekommen zu sein...

Und deshalb redet er mit **Gott** und sagt: „***Soll ich denn blind hineintappen in dieses unbekannte Land* Kanaan*?? - - Laß mich doch deine Pläne wissen,* Gott*! Zeig` uns die Zukunft!! Ich möchte Bescheid wissen!!***

Deine Pläne will ich wissen,* Gott*!! - - Es geht doch um ganz konkrete Fragen:

Ob wir uns bei unserem Zug durch die Wüste mehr links oder rechts halten sollen! - - Wir müssen doch wissen, welcher Weg richtig oder falsch ist!! - - Du mußt uns Wegzeichen setzen!!" - - -

„***Und***", sagt **Mose**, „***das reicht mir bei der Wanderung auch noch nicht: Ich will Gewißheit haben!! - - Gewißheit darüber, daß es richtig und gut ist, wenn wir uns auf dich,* Gott*, verlassen!! - - Zeig` dich uns!! - - Laß mich deine Herrlichkeit sehen, - dein Gesicht!!***

Ich will sehen, daß es dich gibt!! - - Ich will wissen, daß es vernünftig ist, mit dir zu rechnen!! - - -

Mose bekommt ***Antwort*** von **Gott**...

Zunächst heißt es ganz trocken: „***Pläne gibt`s nicht zu sehen!! Und – Gottes Gesicht sehen -, das geht auch nicht***!!" - - -

Ich verstehe das so, daß dem **Mose** gesagt wird: ***Man kann* Gott *so nicht in die Karten schauen***. - - ***Wenn du ein freier Mensch sein willst, - und das willst du doch wohl sein, - dann gehört auch die Ungewißheit und die Angst zu deinem Leben dazu, - wie die Freude und die Lust. - - Dann gehört auch dazu, daß du einen Weg gehen mußt, den du nur teilweise planen kannst und dessen Ziel du nicht genau kennst***." - - -

„***Aber***", so heißt die **Antwort Gottes**, „***Ich will mit dir gehen!! - - Ich werde auf deinem Weg bei dir sein, - und du kannst mit mir reden***! - -

Es wird nicht so sein,* Mose*, daß du immer das Richtige tust, wenn du dich an mich hältst. Es geht auch nicht immer alles gut. All` das garantiere ich nicht..

Aber", so verstehe ich das, was* Mose *gesagt wird, „ich ziehe ein Netz unter dir. - - Das soll dir dazu helfen, daß du weniger Angst hast. - - Es wird dich halten, wenn

dich ein Unglück trifft. Dies Netz hält dich, wenn du bei einem anderen Menschen durchfällst.

Darum sage ich dir: Fürchte dich nicht, - ich bin bei dir!" - - -

° - Die **Losung** für heute heißt - „**Mose sprach zu dem HERRN: Habe ich denn Gnade vor deinen Augen gefunden, so laß mich deinen Weg wissen...Sieh doch, daß dies Volk dein Volk ist.**"

Du hast doch ***versprochen, sein*** **Gott** ***zu sein***, - und ***dein Name*** „**Jahwe**" heißt doch: „**Ich bin für euch da.**"!! - - -

Gott ***spannt ein Netz unter uns***...

° - Liebe ***Hörerinnen*** und ***Hörer***!

Wenn Sie einmal ***Rückschau*** halten und sich fragen:

Wo gab es da, - in dem, was hinter mir liegt, , - wo gab es da etwas zum ***Staunen***?
– Oder wo gab es etwas zum ***Danken***?? - -

Wo bin ich ***freundlicher geleitet*** worden, als ich es ***verdient gehabt*** hätte?? - - Wo habe ich ***lachen*** können, obwohl die Tage schwer waren?? - -

Vielleicht sehen Sie dann ***Maschen dieses Netzes***, das **Gott** ***unter uns gespannt*** hat.

Und **Gott** spricht: „**Siehe, - ich will mit dir ziehen**!" - - -

Liebe ***Hörerinnen*** und ***Hörer***!

Ich wünsche Ihnen, ***daß Sie immer wieder einmal Maschen dieses Netzes sehen, das*** **Gott** ***unter uns spannt***, - und ich ***glaube*** und ***hoffe***, daß es ***auch in diesen*** „**Corona-Zeiten**" ***da ist***.

Telefon-Andacht am 26.8.`20

Guten Tag! Sie hören eine ***Andacht*** der **evangelischen Seeprovinz-Gemeinden** am **Steinhuder Meer**. ***Schön, daß Sie angerufen haben***!

Heute ist **Mittwoch** der **26. August**.

Die **Tageslosung** für heute ist ein **Wort Gottes** aus dem **Buch des Propheten Jesaja, Kap. 43,24-25**, wo **Gott** sagt:

„Mir hast du Arbeit gemacht mit deinen Sünden und hast mir Mühe gemacht mit deinen Missetaten. Ich, ich tilge deine Übertretungen um meinetwillen und gedenke deiner Sünden nicht.“

° - Liebe ***Hörerinnen*** und ***Hörer***!

Gott sagt: **„Du hast mir Mühe gemacht**...“ - -

Und: **„Ich, ich tilge deine Übertretungen um meinetwillen, -** ***nicht um deinetwillen***!“

Was ist das für eine Beziehung zwischen **Gott** ***und den*** **Menschen**!!??

° - Zu den ***ältesten bekannten Schöpfungsgeschichten*** gehören die der **Sumerer**, eines Volkes, das an dem **3. Jahrtausend v. Chr.** im ***heutigen*** **Irak** lebte, - ***zwischen den großen Flüssen*** **Euphrat** und **Tigris**.

In einer dieser **uralten Geschichten** wird folgendes erzählt:
Zwischen **Euphrat** und **Tigris**, - da war immer ***ziemlich schwere Arbeit*** zu tun:

Deiche mußten ***aufgeschüttet*** werden, um ***Überschwemmungen*** zu vermeiden, ***die das ganze Land zu verheeren drohten***, - und ***nach jedem Hochwasser*** mußten sie ***erneuert***, - manchmal auch ***erhöht*** werden...

Und das war ***in der heißen Atmosphäre des*** **Mittleren Ostens** ***sehr schweißtreibend***...

Und den **Göttern** ***gefiel diese harte Arbeit*** verständlicherweise ***nicht***.

Und so verpflichteten sie die **niederen Götter**, ***diese Arbeiten zu tun***. –

Aber ***auch die*** hatten ***keine Lust*** und machten einen ***Aufstand***..

° - ***Man einigte sich***, schloß ***Frieden*** - und kam auf die ***Idee***: ***„Wir erschaffen den Menschen***!“ - - -

„Wir erschaffen den Menschen, damit e r diese harte Arbeit, die auf Erden nötig ist, tun kann!“ - - -
„Im Schweiße seines Angesichts soll e r für uns arbeiten!“ -

° - Also: ***Die*** **Menschen** ***haben zu arbeiten, um*** **die Götter** ***gnädig zu stimmen***!! - - -

Die **Menschen** haben ***die*** **Götter** ***zu ernähren***, - - und das ist ja auch der ***ursprüngliche Sinn der Opfertiere***; denn die werden ja ***geschlachtet*** und ***verbrannt***, ***damit*** **die Götter** ***zu essen bekommen***...

Und auch die **alten Römer** gossen ***von jedem Becher Wein***, den sie tranken, ***einen Schluck auf die Erde***, damit **die Götter** ***etwas zu trinken*** bekamen.

° - **Die Menschen** – eigentlich ***in allen*** **Religionen** – ***mußten arbeiten***, - ***mußten Leistung zeigen***, - ***mußten „fromme Werke“ tun***...

Um mit der **heutigen Losung** zu sprechen: **Die Götter** ***haben den*** **Menschen „Arbeit und Mühe gemacht“**, ***damit die durch*** **fromme Arbeit** ***und*** **Mühe** ***ihr*** **Seelenheil erlangen** ***und*** **in den Himmel kommen konnten**.

° - Und so haben ja ***auch in der*** **christlichen Kirche** die **Mönche** und die **Nonnen** *„**fromme Gebetsleistungen***“ – ein *„**frommes Leben***“ mit *„**guten Werken***“ gelebt, ***um*** **Gott** ***gnädig zu stimmen***...

Die **Mönche** im **Kloster Loccum**, - die ***beteten dafür***, daß **Gott** ***trotz der vielen Sünden der Menschen in den Dörfern am*** **Steinhuder Meer** ***gnädig blieb*** und ***den Menschen vergab***.

Und ***wer um sein Seelenheil fürchtete***, der ***stiftete dem*** **Kloster** ***oder seiner*** **Kirche** ***Land***, damit **Mönche** und **Priester** ***vom Ertrag dieses Landes leben*** und ***für ihn beten konnten***.

Die Menschen ***mußten*** – auch die **Christen** -, ***die*** **Menschen** ***mußten*** **Gott** ***dienen***!! - -

° - ***Und dann höre ich noch einmal auf die*** **heutige Losung**:

Gott sagt:

**„Mir hast du Arbeit gemacht mit deinen Sünden und hast
mir Mühe gemacht mit deinen Missetaten. Ich, ich tilge deine Übertretungen um meinetwillen und gedenke deiner Sünden nicht.“**

„**Mir hast du Arbeit...und Mühe gemacht**...“

Was habe ich für dich alles getan:

° - Immer wieder habe ich **Propheten** ***zu dir geschickt***, um dir ***den Weg zu gutem und erfülltem Leben zu zeigen***!!

Den ***babylonischen Großkönig*** **Nebukadnezar** , der **Jerusalem** und den **Tempel** ***zerstört*** hat, habe ich geschickt, ***damit du begreifst, daß du auf falschem Wege bist***.

Den ***Perserkönig*** **Kyros II.** habe ich geschickt, ***damit du meine Gnade spürst***, die dir ***neue Anfänge möglich*** macht.

° - **„Ich, ich tilge deine Übertretungen um meineswillen und gedenke deiner Sünden nicht**!“ - - -

° - „***Ich mache das***!! - - ***Deine ganzen*** **„frommen Werke“**, ***- die helfen nicht dazu, den Abstand zwischen mir und dir kleiner zu machen***!!“ - -

„***Aber das ist auch gar nicht nötig; denn ich, - ich nehme diesen Abstand weg in*** **meiner Liebe zu dir**!!“

„**Mir hast du Arbeit...und Mühe gemacht**...“

Die Menschen ***machen*** **Gott „Arbeit“** ***und*** **„Mühe“**:

° - Da ist ja ***die ganze Beziehung zwischen Gott und den Menschen auf den Kopf gestellt***, - ***total anders, als man*** **Gott** ***bisher gedacht und vorgestellt hat***!!
° - Und in dem **Jesus von Nazareth** haben die **Christen** dann **Gott** ***selber gesehen***; denn er hat gesagt:

„**Wer mich sieht, der sieht den Vater, - der sieht Gott selbst**!“ (Joh 14,9).

Und ***an seinem Leben und Leiden und Sterben*** haben sie ***Gottes harte Arbeit*** und ***schlimme Mühsal*** gesehen...

Und dieser **Jesus** hat gesagt: **„Der Menschensohn ist nicht gekommen, daß er sich dienen lasse, sondern daß er diene**...“ (Mt 20,28; Mk 10,45).

° - Und so heißt es in dem ***Wort aus dem*** **Neuen Testament** ***für heute*** aus **Kol 1,22**:

„**Weil Christus... den Tod auf sich nahm, hat Gott jetzt mit euch Frieden gemacht**.“

Gott ***schenkt uns*** **„Frieden"**, **-** ***er verspricht uns wahres, bleibendes Leben mit ihm***, **- -** ***schon jetzt***!!

Jetzt **brauchen wir nicht mehr** ***hart zu arbeiten***, - mit schweißtreibender Arbeit ***Deiche für die*** **Götter** aufzuführen...

Jetzt **dürfen wir** ***in seiner Gegenwart leben***, - schon jetzt – und ***manchmal spüren wir sie vielleicht***, - und **wir dürfen** ***seine Spuren in dieser Welt verstärken***.

° **-** Daß Sie immer wieder einmal etwas von **Gottes** ***freundlicher Gegenwart*** spüren und ***dadurch mit einer starken Hoffnung leben können***, - auch in manchmal ***dunklen Zeiten***, - das wünscht Ihnen Ihr **Ruhestandspastor Wilhelm Thürnau** aus **Wunstorf.**

Telefon-Andacht am 3.9.`20

Guten Tag! Sie hören eine ***Andacht*** der **evangelischen Seeprovinz-Gemeinden** am **Steinhuder Meer**. ***Schön, daß Sie angerufen haben***!

Heute ist **Donnerstag**, der **3. September**.

° - Das **Losungswort** für heute steht in den **Sprüchen Salomos, Kap. 12,25** und heißt:

„**Sorge im Herzen bedrückt den Menschen; aber ein freundliches Wort erfreut ihn**."

° - Und das **Wort aus dem Neuen Testament** für heute steht im **Epheserbrief, Kap. 4,32**, - - und dort steht:

„**Seid aber untereinander freundlich und herzlich und vergebt einer dem andern, wie auch Gott euch vergeben hat in Christus**."

Liebe ***Hörerinnen*** und ***Hörer***!

Es gibt ***Worte***, die ***beschreiben eine Situation nur***, - zum Beispiel, wenn einer sagt: „***Heute ist schönes Wetter***!" - -

Und dann gibt es ***aber auch Worte***, die ***eine Situation wirklich verändern***, - wenn zum Beispiel **der Standesbeamte** sagt: „***Hiermit erkläre ich euch zu Mann und Frau***!" - - ***Damit hat sich die Situation*** für die beiden ***tatsächlich ziemlich verändert***. - - -

Ein ***solches Wort***, das eine ***Situation verändert***, ist unser heutiges Wort aus dem **Epheserbrief**:
„**Seid aber untereinander freundlich und herzlich und vergebt einer dem andern**."

Macht einander ***neue Anfänge möglich***, - ***neue Anfänge*** miteinander „**freundliche Worte**" (Spr 12,25), - durch **Vergeben**.

Manchmal müssen das ***gar nicht in erster Linie Worte*** sein, - es können zum Beispiel ***auch Gesten*** sein.

° - (**Heinrich A. Mertens, „Brot in deiner Hand" – in: W. Hoffsümmer, Kommuniongeschichten", S. 31-33**):

*An der **Jakobstraße** in **Paris** liegt ein **Bäckerladen**; da kaufen viele hundert Menschen ihr Brot.*

*Der **Besitzer** ist ein **guter Bäcker**. - - Aber nicht nur deshalb kaufen die Leute des Viertels dort gern ihr Brot.*

Der ***alte Bäcker*** *weiß,* ***daß man Brot nicht nur zum Sattessen brauchen kann,*** *- und gerade das gefällt den Leuten.*

Mancher erfahren das erst beim ***Bäcker*** *in der* ***Jakobstraße,*** *- - zum Beispiel der* ***Autobusfahrer Gerard,*** *der einmal zufällig in den Brotladen an der* ***Jakobstraße*** *kam.*

*„****Sie sehen bedrückt aus****", sagte der* ***alte Bäcker*** *zum* ***Busfahrer.***

*„****Ich habe Angst um meine kleine Tochter****", antwortete der* ***Busfahrer***

Gerard. *„****Sie ist gestern aus dem Fenster gefallen, vom zweiten Stock.****"*

*„****Wie alt?****", fragte der* ***alte Bäcker.***

*„****Vier Jahre****", antwortete* ***Gerard.***

Da nahm der ***alte Bäcker*** *ein* ***Stück Brot,*** *das auf dem Ladentisch lag,* ***brach zwei Bissen ab*** *und gab das eine dem* ***Busfahrer Gerard.***

*„****Essen Sie mit mir****", sagte der* ***alte Bäcker*** *zu* ***Gerard,*** *„****ich will an Sie und Ihre kleine Tochter denken.****"*

Der ***Busfahrer Gerard*** *hatte so etwas noch nie erlebt, aber er verstand sofort, was der* ***alte Bäcker*** *meinte, als er ihm* ***das Brot*** *in die Hand gab.* ***Und sie aßen beide ihr Brotstück und schwiegen und dachten an das Kind im Krankenhaus.***

So war das oft in dem ***Brotladen,*** *in dem der* ***alte Bäcker*** *die Kunden bediente. - - Aber es passierte auch anderes, über das sich die Leute noch mehr wunderten.*

Da gab es zum Beispiel einmal die Geschichte mit ***Gaston:***

An einem frühen Morgen wurde ***die Ladentür aufgerissen*** *und* ***ein großer Kerl stürzte herein.*** *Er lief vor jemandem fort; das sah man sofort. Und da kam ihm der offene Bäckerladen gerade recht.*

Er stürzte also herein, schlug die Tür hastig hinter sich zu und schob von innen den Riegel vor.

*„****Was tun denn Sie da?****", fragte der* ***alte Bäcker.*** *"****Die Kunden wollen zu mir herein, um Brot zu kaufen. Machen Sie die Tür sofort wieder auf.****" - - -*

Der junge Mann war ganz außer Atem. ***- - Und da erschien vor dem Laden auch schon*** *ein Mann wie ein Schwergewichtsboxer,* ***- in der Hand eine*** *Eisenstange.* ***- - Als***

er im Laden den jungen Kerl sah, wollte er auch hinein. - - Aber die Tür war verriegelt...

*„**Er will mich erschlagen**", **keuchte der junge Mann**.*

*„**Wer?**", fragte der **Bäcker**.*
*„**Mein Vater**", schrie **der Junge**, und zitterte am ganzen Körper. "**Er will mich erschlagen. Er ist jähzornig. Er ist auf neunzig.**"*

*„**Das laß mich nur machen**", antwortete der **alte Bäcker**, ging zur Tür, schob den Riegel zurück und rief dem schweren Mann zu:*

*„**Guten Morgen, Gaston! Am frühen Morgen regst du dich schon so auf? Das ist ungesund. So kannst du nicht lange leben. - - Komm herein, Gaston. Aber benimm dich. Laß den Jungen in Ruh! In meinem Laden wird kein Mensch umgebracht.**"*

*Der **Mann mit der Eisenstange** trat ein. **Seinen Sohn schaute er gar nicht an**. Und er war viel zu erregt, um dem **Bäcker** antworten zu können.*

Er wischte sich mit der Hand über die feuchte Stirn und schloß die Augen.

*Da hörte er den **Bäcker** sagen: „**Komm, Gaston, iß ein Stück Brot; das beruhigt. Und iß zusammen mit deinem Sohn; das versöhnt. Ich will auch ein Stück Brot essen, um euch bei der Versöhnung zu helfen.**"*

*Dabei **gab er jedem ein Stück Weißbrot**. Und **Gaston** nahm, **auch sein Sohn nahm das Brot**. - - Und als sie davon aßen, sahen sie einander an, und der **alte Bäcker** lächelte beiden zu.*

*Als sie das **Brot** gegessen hatten, sagte **Gaston**: „**Komm, Junge, wir müssen an die Arbeit.**" - -*

Gott hat mich ***ein für allemal angenommen***, - mir ***vergeben***, - mir ***neue Anfänge und neue Wege möglich gemacht***, - ***immer wieder***...

° - Liebe ***Hörerinnen*** und ***Hörer***!

Neue Anfänge – immer wieder einmal -, die ***wünsche ich Ihnen***, - - ***neue Anfänge mit sich selbst***, - mit den ***Menschen neben mir***, - und auch mit **Gott**!!

Und vielleicht sagen Sie heute ganz bewußt einmal **ein freundliches Wort**; - - ***es wird zu Ihnen zurückkehren***!!

Telefon-Andacht am 10.9.`20

Guten Tag! Sie hören eine ***Andacht*** der **evangelischen Seeprovinz-Gemeinden** am **Steinhuder Meer**. ***Schön, daß Sie angerufen haben***!

Heute ist **Donnerstag**, der **10. September**.

Die **Losung** für heute steht im **1. Buch Mose 9,13** und heißt:

„**Gott sprach: Meinen Bogen habe ich gesetzt in die Wolken; der soll das Zeichen sein des Bundes zwischen mir und der Erde**."

Liebe ***Hörerinnen*** und ***Hörer***!

Gott setzt **seinen Bogen**, - **seinen Kriegsbogen** nach der ***furchtbaren*** und ***verheerenden*** **Sintflut**, mit der ***alles Böse zerstört werden*** sollte, ***in die Wolken***.

Gott ***rüstet ab***!! - -

Und er schließt einen **Bund** ***mit den Menschen*** und sagt:

„Ich will die Erde, - ich will euer Leben in Zukunft nicht mehr zerstören!" - - -

Der **Kriegsbogen**, - der **Regenbogen**; - - ein ***Zeichen des Friedens*** zwischen ***Himmel*** und ***Erde***, - zwischen **Gott** und ***seinen Menschen***, - ein ***Zeichen eines neuen Anfangs*** nach der **Sintflut**, - ein ***Zeichen neuer Anfänge***.

° - Am letzten **Samstag im August** fuhren ***meine Frau*** und ***ich*** zur **Einschulung** ***unseres jüngsten Enkels*** in die ***Nähe von*** **Osnabrück**.
Alles war ***hervorragend organisiert***: Die ***Hygienemaßnahmen*** für die ***Kinder*** und für die ***Erwachsenen***, - die ***Feier***, die mit einer schönen ***Andacht*** begann, in der ***großen Turnhalle***, - die ***Begrüßung der Erstkläßler*** durch ihre Lehrer.

Ich saß mit ***Mund- und Nasenschutz*** neben einer ***muslimischen Familie***, - - und auch an den ***Erstkläßlern*** war zu sehen, daß ***viele von ihnen ihre Wurzeln in anderen Ländern und Völkern*** haben.

Am Ende der Feier begrüßte auch noch **der Schulleiter**, - und er sagte:

„***Willkommen in unserer*** **Regenbogen-Schule**!!"

Und das ist also ***der Name der Schule***, in die nun ***unsere beiden jüngsten Enkelkinder*** gehen...

Der Name war mir vorher gar nicht aufgefallen, - - und ich dachte:
„Toll, - - wie passend!" - - -

° - Der **Regenbogen**, - das ***Zeichen des*** **Friedensbundes Gottes** ***mit seinen Menschen***.

Dieser **Bogen** reicht ***von einer Seite der Erde zur anderen***: Man sieht nicht, wo er ***anfängt*** und wo er ***aufhört***, - und so ist er ***weltvereinend*** und ***weltumspannend***...

Und ***auf der Rückfahrt*** haben wir das dann noch einmal ***deutlich auf der Autobahn gesehen***, - als da mit einem Mal ***ein toller*** **Regenbogen** erschien ***mit kräftigen, leuchtenden Farben***.

In der Schule dort werden Kinder mit dem unterschiedlichsten Hintergrund verbunden, - ***Kinder*** aus **Deutschland**, - aus der **Türkei**, - aus dem **Libanon**, - aus **Pakistan** und ***vielen anderen Ländern, die nun hier zusammengehören***.

Der **Regenbogen** ***strahlt in allen Farben des Spektrums***, - er läßt die ***verschiedenen Farben einträchtig und in gleicher Wertigkeit intensiv zusammen leuchten*** und ***bündelt sie*** zu einem ***Lichtband***.

Und so ist auch die ***Schülerschaft vielfarbig*** und ***multikulturell***, - und ich denke und hoffe, daß das eine ***spannende Schulzeit für die beiden Enkel*** wird.

Der **Regenbogen**, - er ***vereint Gegensätze***: ***Sonne*** und ***Regen*** – und ***verbindet sie*** – und ***nur dadurch erhält er seine Schönheit und Vollkommenheit***.

° - „**Gott sprach: Meinen Bogen habe ich gesetzt in die Wolken; der soll das Zeichen sein des Bundes zwischen mir und der Erde**."

Und da finde ich es auch ***schön*** und ***passend***, daß unser ***kirchlicher Gemeindebrief*** in **Wunstorf** und **Bokeloh** „**Regenbogen**" heißt –
und ***daß er so die Menschen***, an die er ausgeteilt wird, ***miteinander verbinden möchte***.

Und das ist ein ***gutes*** und ***wichtiges Ziel*** gerade heute; denn ***unsere Gesellschaft*** scheint ja gerade ***in verschiedene Gruppen auseinanderzufallen***, die ***keine gemeinsame Sprache mehr füreinander*** haben.

° - **Kinderlieder** fallen mir ein, die wir im **Kindergarten** und in den **Familiengottesdiensten** in **Großenheidorn** ***gesungen haben***:

1.) „***Ein bunter Regenbogen ist über`s Land gezogen.***
Die Sonne scheint auf`s Gras, das noch vom Regen naß.

2.) ***Ein bunter Regenbogen ist über`s Land gezogen. Und alle bleiben stehn, um ihn sich anzusehn.***

3.) ***Ein bunter Regenbogen ist über`s Land gezogen.***
damit ihr`s alle wißt, daß Gott uns nicht vergißt."

Ja, - **Gott** ***vergißt uns nicht***. - - Auch das sagt der **Regenbogen**.

Und ein ***anderes Lied***, das ***wir gerne gesungen haben***, heißt:

1.) ***Regenbogen bunt und schön, dort am Himmelszelt;***
jedermann kann an dir sehn, daß Gott zu uns hält.

2.) ***Jeder Mensch hat seine Art, keine zwei sind gleich.***
Gerad` daß jeder anders ist, macht uns Menschen reich.

3.) ***Ich bin zwar noch nicht sehr groß, bin ein kleines Licht,***
doch weil Gott uns Kleine liebt, fürchte ich mich nicht.

4.) ***Fühl` ich mich an einem Tag nicht besonders gut,***
sagt Gott: Du, ich halt dich doch fest in meiner Hut."

Gott ***behütet und beschützt***, - auch das sagt der **Regenbogen**.

° - Und noch ***ein letztes*** **Lied**:

Im **August 89**, ***wenige Wochen vor der Maueröffnung*** schreibt **Klaus Peter Hertzsch** Verse für ***seine Patentochter***. Zu ihrer ***Hochzeit*** in **Eisenach**.

1. ***Vertraut den neuen Wegen,***
auf die der Herr uns weist,
weil Leben heißt: sich regen,

weil Leben wandern heißt.
Seit leuchtend Gottes Bogen
am hohen Himmel stand,
sind Menschen ausgezogen
in das gelobte Land.

1989. ***Aufbruch in eine neue Freiheit*** verheißt das **Lied**, und ***ermutigt loszugehen***. Das ***junge Paar*** und ***jeden, der es singt***.

2. ***Vertraut den neuen Wegen***
und wandert in die Zeit!
Gott will, dass ihr ein Segen
für seine Erde seid.
Der uns in frühen Zeiten
das Leben eingehaucht,
der wird uns dahin leiten,
wo er uns will und braucht.

Der ***Text*** von **Klaus Peter Hertzsch** ist ***viel zuversichtlicher als ich es meistens bin.***

Aber ich kann meinen kleineren Glauben an seine Worte andocken, - ihn ***auffüllen mit den Glaubenserfahrungen***, die ***Generationen von Menschen immer wieder gemacht*** haben:

Gott ***geht mit in die Zukunft. Angst nagt manchmal an meiner Seele, aber Vertrauen kann die Angst überwinden.***

3. ***Vertraut den neuen Wegen,***
auf die uns Gott gesandt!
Er selbst kommt uns entgegen.
Die Zukunft ist sein Land.
Wer aufbricht, der kann hoffen
in Zeit und Ewigkeit.
Die Tore stehen offen.
Das Land ist hell und weit.

„***Hoffen in Zeit und Ewigkeit, weil Gott uns immer wieder entgegenkommt.***"

Manchmal fällt sie mir schwer, - diese Hoffnung. Aber ich habe ihn wieder gesehen, den ***großen, leuchtenden*** **Regenbogen** über der **A2**.

Und so will ich mir sagen lassen: **Gott** ***geht mit uns, - und er wartet im „Land der Zukunft" auf uns.***

Diese Hoffnung, für die der **Regenbogen** auch ***ein Zeichen*** ist, die wünsche ich Ihnen, liebe ***Hörerinnen*** und ***Hörer***!!

Telefon-Andacht am 18.9.`20

Guten Tag! Sie hören eine ***Andacht*** der **evangelischen Seeprovinz-Gemeinden** am **Steinhuder Meer**. ***Schön, daß Sie angerufen haben***!

Heute ist **Freitag**, der **18. September**.

Die **Losung** für heute steht bei **Jes 61,8** und heißt:

„Gott spricht: ich bin der HERR, der das Recht liebt und Raub und Unrecht hasst.“

Und der ***zugehörige*** **Lehrtext** aus dem **Neuen Testament**, - aus **1Thess 4.6** lautet:

„Niemand gehe zu weit und übervorteile seinen Bruder im Handel. Denn der Herr straft dies alles.“

Liebe ***Hörerinnen*** und ***Hörer***!

Gott - o heißt es bei **Jesaja** – **liebt das Recht**, - und **er haßt Raub und Unrecht**. - - -

Und dann im ***Wort aus dem*** **Neuen Testament**: „**Gott straft**!“ - - -

° - Er ist also ***nicht*** nur „**liebe Gott**“, - der uns ***nur Gutes schenkt*** und uns ***unser Leben schön macht***, ***Kraft gibt*** und ***Hoffnung*** und ***Vertrauen schenkt***. - -

Gott ist ***auch*** der „**strafende Richter**“?? - -

Und auch von **Jesus** sagen wir ja im **Glaubensbekenntnis**: „***Von dort wird er kommen zu richten die Lebenden und die Toten***.“ - - -
Gott, - **Jesus**, - der „**Weltenrichter**“, der „**strafen**“ wird?? - - -

Dann hätte ich ja tatsächlich allen Grund, vor ihm Angst zu haben!!??

° - In den ***ersten Jahren meiner Dienstzeit als*** **Pastor** habe ich im **Konfirmandenunterricht** die **Konfis** immer wieder einmal ihr „**Bild von Gott**“ ***malen*** lassen.

Da kamen dann ***oft sehr interessante Bilder*** heraus:

Einer hatte zum Beispiel ein ***weißes Blatt*** abgegeben und oben drauf geschrieben: „**Du sollst dir kein Bild von Gott machen**.“

Interessant, - ***schwer, etwas dagegen zu sagen***!! - - -

° - ***Einer*** – ich werde ihn nicht vergessen - ***hieß*** **Lothar**.

Und **Lothar** hatte es immer wieder ***verstanden***, ***mir*** **"Konfer"** ***zur Hölle zu machen***:

Dauernd ***störte*** er und ***machte Blödsinn***; - ***es war einfach schlimm***!! - -

Und auch **Lothar** gab ein ***Bild mit seiner Gottesvorstellung*** ab: und der **Gott**, den er da gezeichnet hatte, der ***Haare wie ganz spitze Zacken***, - der schaute ***sehr, sehr böse*** und ***aus seinen Augen***, da kamen irgendwie ***Blitze***, - und ***er erhob seine geballte Faust*** gegenüber einem ***ganz kleinen Menschen***, der vor ihm gezeichnet war...

Das war **Lothars Gottesbild**... - - -

Sein Vater war ***Alkoholiker***, - ich kannte ihn, - er war ***cholerisch*** und wurde ***häufiger aggressiv***...

Der **strafende Gott**, - vor dem man ***Angst haben*** mußte...

Und auch ich hatte ***vor dem*** **Gott** ***manchmal Angst gehabt***, - vor dem **Gott**, der ***mit mir nicht zufrieden war*** und ***vor dem ich mich manchmal zu verstecken versuchte***...

° - ***Ich bin dankbar, daß*** **mein Gottesbild sich gewandelt** ***hat***, - und der **Jesus von Nazareth** ***hat es verändert, indem er von seinem Vater erzählte***, der sogar ***den Sohn wieder aufnahm***, der sein ganzes Erbe verpraßt hatte, - ***und der Vater feierte ein großes Fest, als er zurückkam, obwohl er doch sein ganzes Erbe durchgebracht hatte***.

° - In einem ***Gespräch in unserer Sporthalle*** ist mir ***die Frage einmal wieder begegnet***:

Wir hatten uns beim ***Tischtennis*** wieder ***so richtig abgekämpft***, saßen am ***runden Tisch*** in unserer ***Sporthalle***, tranken unser ***wohlverdientes Bier und kamen*** – wie häufiger an diesem ***runden Tisch*** – auf **Gott** und die **Welt** zu sprechen.

„***Weißt du***", sagte ein Mannschaftskamerad zu mir, „***dein*** **Christentum** ***ist mir zu stressig. Was man da alles machen und tun soll – mit den vielen Geboten, - das ist ja anstrenger als zwei Punktspiele zusammen***!" - - Immer wieder: **Du sollst**! und **Du sollst nicht**!

„***Das ist nicht stressig***", sagte ich, „***den Himmel gibt`s nämlich umsonst***!" - -

„***Das glaubst du ja selbst nicht***!" - - „***Doch, - den Himmel gibt`s total gratis, - total umsonst***!" - -

Vor einigen Jahren hielt ich ein ***Seminar*** zu „***Grundfragen des Glaubens***".

Auch da sagte ich: „***Den Himmel gibt`s umsonst***!"

Dann bat ich ***eine Teilnehmerin*** nach vorn und sagte ihr: „***Hier, - ich möchte ihnen etwas schenken:*** **50,- €.** ***Vielleicht haben Sie jemand, mit dem Sie dafür `mal essen gehen können***!"

Es war ihr fast peinlich. „***Nein***", sagte sie, „***das nehme ich nicht an***!"

Und sie setzte sich wieder auf ihren Platz.

Kann ich mir etwas schenken lassen und mich darüber freuen?? –

Den ***Himmel***, - **Gottes** ***Liebe***, - daß er ***mich annimmt*** und „**Ja**" zu mir sagt, - mir das ***einfach schenken lassen***??

Wenn mir einer etwas schenkt, dann denke ich gleich: „***Was will der von mir***??"

Sich etwas schenken lassen wie die Kinder und sich dann darüber freuen, - ***warum fällt mir das so schwer***??

Dabei lebe ich doch davon, daß mir immer wieder jemand etwas schenkt – von seiner ***Zeit***, - ein ***gutes Wort***, - ein ***Lächeln***, - dieses ***Gefühl: Schön, daß es dich gibt***!!

Den Himmel gibt`s total umsonst!!"

° - Und aus ***Dankbarkeit*** und ***Freude*** darüber, ***daß*** **Gott** ***mich so liebt, wie ich bin***, - aus dieser ***Dankbarkeit*** und ***Freude*** heraus, da ***kann ich*** dann ***so zu leben versuchen***, daß ich „**meinen Bruder nicht übervorteile im Handel**" – und daß ich versuche, so wie **Gott „das Recht zu lieben**" und ***Spuren der*** **freundlichen Gegenwart Gottes** ***zu verstärken***.

° - Liebe ***Hörerinen*** und ***Hörer***!

„Den Himmel gibt`s umsonst, - Gottes Liebe, - die gibt`s umsonst."

„Greifen Sie zu!!"

Telefon-Andacht am 26.9.`20

Guten Tag! Sie hören eine ***Andacht*** der **evangelischen Seeprovinz-Gemeinden** am **Steinhuder Meer**. ***Schön, daß Sie angerufen haben***!

Heute ist **Samstag**, der **26. September**.

Die **Losung** ***für heute*** steht im **Buch des Propheten Jeremia**, **Kap. 30,11**, wo es heißt:

„**Ich bin bei dir, spricht der HERR, dass ich dir helfe**."

° - Liebe ***Hörerinnen*** und ***Hörer***!

° - ***Irgendwie sind es trostlose Zeiten***:

Wer hätte ***noch vor einem Jahr geahnt, was uns*** **2020** ***erwartet***:

Die **Olympischen Spiele** ***fielen aus***, - bisher geschah das ***nur während der beiden Weltkriege des vergangenen Jahrhunderts***!! - - -

Die ***Einzelhandelsgeschäfte*** und ***viele Gastronomen*** vor dem ***wirtschaftlichen*** und damit oft auch vor dem ***persönlichen Ruin***.

Urlaub nur mit Maske und oft mit ***Quarantäne*** bei der Rückkehr aus dem Ausland.

Menschen starben in den Krankenhäusern und durften nicht besucht werden.

In den ***Altenheimen***: ***Einsamkeit***, - ***Alleinsein***...

„**Corona**", - ein ***klitzekleines Virus – stellte fast alles auf den Kopf***...
° - ***Irgendwie sind es trostlose Zeiten***:

Die **Klimakrise** schreitet fort: ***Wieder ist der Wasserstand des*** **Steinhuder Meeres** in diesem Sommer ***gesunken***, - und man kann das an vielen Stellen des Ufers besichtigen, - - ich habe es am **Meerbach** am **Hagenburger Yachthafen** deutlich gesehen!!

° - ***Irgendwie sind es trostlose Zeiten***:

Moria, - das ***völlig überfüllte Flüchtlingslager*** auf der ***griechischen Ägäis-Insel*** **Lesbos** ***brennt***, - und das **reiche Europa** kann ***nur*** **ein paar 100** der **10.000 Flüchtlinge**, die dort in unvorstellbaren Zuständen dahinvegetieren, aufnehmen...

° - *Trostlose Zeiten auch damals:*

Auch damals ***zu Zeiten des*** **Propheten Jeremia**, der ungefähr von **650 – 580 v. Chr.** lebte:

Das ***Volk*** **Israel** war ***vom*** **babylonischen Großreich** ***besiegt*** und ein ***kümmerlicher Rest*** rund um **Jerusalem** vor sich dahin.

Möglicherweise angestachelt vom ***ägyptischen*** **Pharao Psammetich II.**, entschloß sich der ***schwache letzte*** **König Israels Zedekia** zum ***Aufstand gegen*** **Babylon**. - -

Chancenlos:

Jerusalem und der **Tempel** wurden **587 v. Chr.** von **Großkönig Nebukadnezar II.** ***zerstört***.

Liebe ***Hörerinnen*** und ***Hörer***!

Womit trösten Sie sich in trostlosen Zeiten? - - -

„***Trost***", - das Wort hängt mit dem Wort „***Vertrauen***" zusammen, - und ***sprachgeschichtlich*** gehört das ***englische Wort „tree***", was „***Baum***" heißt, dazu.

Wo ist der „***Baum***", an den ich mich in „***trostlosen Zeiten***" ***anlehnen*** kann, - ***der mich stützt, wenn mir die Kraft zum Weitergehen zu fehlen scheint***?? - - -

Womit trösten Sie sich?? - -

Blättern Sie in ***alten Fotoalben*** und ***schwelgen*** in ***Erinnerungen von früher***?

So, wie ***die*** **Juden** ***damals*** vom **Großreich** ihres ***mächtigen*** und ***glänzenden*** **Königs David 400 Jahre** zuvor ***träumten***? - - -

Oder lesen Sie ***alte Liebesbriefe***? - - Hören Sie eine ***bestimmte Musik*** – oder suchen Sie ***Kontakt zu einem Menschen, der Sie versteht***?? - - -

° - **Jeremia** hat damals ***an die nach*** **Babylon** ***verschleppten Gefangenen seines Volkes*** einen ***Brief*** geschrieben, ***in dem er Sie zu trösten versuchte***. Sie können ihn im **Kap. 29 des Jeremiabuches** nachlesen. - - -

° - Ich überlege mir, ***was*** **Jeremia** ***wohl heute an uns schreiben würde***: ***Vielleicht so***:

„***Liebe Mitmenschen ca.*** **80 Generationen** ***nach mir***!

Ich schreibe euch ***heute im Grunde dasselbe***, was ich damals an die ***Verbannten*** im **babylonischen Exil** geschrieben habe. Denn ***auch ihr lebt ja in einer schwierigen Gegenwart***:
Eure Natur ist ***beschädigt. Die Wälder brennen*** oder ***sterben aus anderen Gründen.***
Ein ***winziges Virus bedroht euer Leben*** und ***eure ganze bisherige Lebensweise.***
Ihr ***rüstet eure Armeen*** weiter ***auf als gäbe es kein Morgen.***

Rassismus, ***linker*** und ***rechter Extremismus*** und die ***dreisten Lügen***, die bis ***in die mächtigsten Regierungszentralen der Welt*** vorgedrungen sind, ***bedrohen euer Zusammenleben*** und damit ***überhaupt euer Leben.***

Nehmt es einem **altisraelitischen Propheten** nicht übel, ***daß er euch vor Propheten warnt, die sagen, bald würde alles wieder, wie es war. Es wird nicht, wie es war.***

Setzt euch für den ***Frieden in dieser unwirtlichen Welt*** ein. ***Euer Heil*** und das ***Heil dieser Welt*** sind ***unlöslich miteinander verflochten.***

Und: ***Haltet an der Hoffnung fest. Es wird sich viel ändern.***

Diese Welt ist durch ***Krisen*** und ***Katastrophen*** hindurchgegangen und wird weiterhin durch ***Krisen*** und ***Katastrophen*** hindurchgehen.

Aber es gibt Hoffnung für sie.

Es gibt immer wieder ***Chancen*** und ***Möglichkeiten für ein gelungenes Leben in ihr***."
° - Soweit der **erdachte Brief Jeremias** an uns.

„***Aber***", – so möchte ich **Jeremia** fragen: „***Woher nimmst du bloß deine Hoffnung in solch` trostlosen Zeiten***?? - - ***Was ist dein Trost***??

Und ***dann antwortet er*** mit der heutigen **Tageslosung**:

„Ich bin bei dir, spricht der HERR, dass ich dir helfe."

Das war sein Trost, - der ***Halt***, der ***Baum***, ***an den er sich angelehnt hat***, - und bei **Jeremia** scheint ***dieser Trost ihm Halt gegeben*** zu haben, - und ***er hat sich engagiert*** in der ***Politik seines Volkes*** und ***gegen die Könige gekämpft, die so gerne alles beim alten lassen wollten***...

° - ***Ich wünsche Ihnen***, liebe ***Hörerinnen*** und ***Hörer***, ***daß auch Sie etwas davon spüren, daß Gott uns begleitet*** und „**bei uns ist mit seiner Hilfe**," - auch in diesen ***ungewissen*** „**Corona-Zeiten**."

Ich jedenfalls versuche darauf zu vertrauen, daß Gottes Versprechen seiner Nähe gilt, - heute, - morgen – und alle Tage.

Telefon-Andacht am 3.10.`20

Guten Tag! Sie hören eine ***Andacht*** der **evangelischen Seeprovinz-Gemeinden** am **Steinhuder Meer**. ***Schön, daß Sie angerufen haben***!

Heute ist **Samstag**, der **3. Oktober**, - der **„Tag der deutschen Einheit**".

Und der **Losungstext** für heute steht bei **Jes 9,1** und heißt:

„Das Volk, das im Finstern wandelt, sieht ein großes Licht, und über denen, die da wohnen im finstern Lande, scheint es hell."

° - Liebe ***Hörerinnen*** und ***Hörer***!

Heute ist der **„Tag der deutschen Einheit**"; denn ***heute vor* 30 Jahren** sind ***die beiden Teile* Deutschlands *wiedervereinigt*** worden. - -

Paßt denn da heute dieser **Losungstext** aus **Jesaja**?? – Dieses Wort, das ***nach Meinung der wissenschaftlichen Theologen*** der ***Anfang eines Dankliedes*** ist:

„Das Volk, das im Finstern wandelt, sieht ein großes Licht, und über denen, die da wohnen im finstern Lande, scheint es hell."???

Ich jedenfalls denke: ***Das paßt***!! - - -

Das paßt, weil es – wie ich glaube – ***vieles*** gibt, ***woran man sich an diesem Tag dankbar erinnern kann***:

Seit 30 Jahren können wir ***einfach*** und ***problemlos über die ehemalige Grenze fahren***, - und ich erinnere mich an ***viele äußerst unschöne und schwierige Grenzübertritte*** bei Fahrten in unsere **DDR-Partnergemeinde** im **Ost-Erzgebirge**.

Und ***meine Frau*** und ***ich*** konnten nicht gemeinsam von **West-** nach **Ost-Berlin** kommen; denn **sie** mußte **bis 1990** als **Engländerin** den ***alliierten Grenzkontrollpunkt*** **„Checkpoint Charlie**" benutzen - - und **ich** als **Bundesdeutscher** den *Übergang* **„Heinrich-Heine-Str.**"; - - und ***solche Skurrilitäten*** waren ja ***noch die geringsten Probleme***.

Familien aus **Ost** und **West** konnten sich wieder ***frei*** und ***ohne Hindernisse*** begegnen. -

° - **Erst vor 14 Tagen** haben wir einen ***Kollegen*** in **Dessau** besucht und richtig ***gespürt***: ***Wir leben tatsächlich in einem Land***!!!

Für die Jüngeren ist das vielleicht einfach ***selbstverständlich***, - aber ***für mich alten Knaben überhaupt nicht***, - sondern ***ich bin für diese Möglichkeiten dankbar***!!! - - -

Bei den ***vielen Klagen*** über ***manche negative wirtschaftliche Begleiterscheinungen***, die ja vor allem **im Osten** ***ihre Berechtigung*** haben, ***vergessen wir oft***, wieviel ***Positives*** und ***Schönes*** wir den ***Ereignissen von vor*** **30 Jahren** ***verdanken***.

° - Und überhaupt scheint mir, daß uns ***heute und in diesen Tagen*** ein **„Danklied"** ***ganz gut tun würde***!!

Bisher ist dieses Jahr **2020** ja ***aus verständlichen Gründen*** hauptsächlich eine ***Zeit der*** **Klagelieder** gewesen.

Wir klagen über die ***schrecklichen Auswirkungen der weltweiten Pandemie***, die ***in fast allen Bereichen unseres Lebens spürbar geworden sind.***

Ich denke an die, die ***an*** **Covid-19** ***gestorben*** sind.

Ich denke an die, die sich ***wegen der Kontaktsperre*** nicht mehr von ihren ***sterbenden Angehörigen oder Freundinnen verabschieden konnten***.

Ich denke an die, die wegen der **Corona-Maßnahmen** ihre ***Arbeit verloren*** haben oder ihren ***Betrieb aufgeben*** mußten.

Sehr viele von uns können ***in diesem Jahr*** ein ***sehr persönliches*** **Klagelied** über die ***Auswirkungen*** der **Corona-Krise** anstimmen.

„Das Volk, das im Finstern wandelt." - - -

Und dann: „...**sieht ein großes Licht**"?? - - -

Mit Blick auf unsere Situation wäre vielleicht ein **Impfstoff** ein solches **Licht**, das ***Hoffnung*** schenkt...

Manche Experten gehen davon aus, daß das **noch ein bis zwei Jahre** ***dauern kann***. Wenn ich mir vorstelle, ***wie laut die*** **Klagelieder** ***in dieser Zeit noch werden können***!! - - -

° - ***Mitten in diese dunkle Zeit der Verunsicherung hinein*** hören wir dann an diesem **„Tag der deutschen Einheit"** dieses **Danklied** von **Jes 9**, das unsere Klagegesänge durchbrechen will.

Wofür soll ich denn dankbar sein in dieser ***schlimmen Zeit***?

° - ***Ähnlich verwundert und irritiert*** werden die ersten ***Hörerinnen*** und ***Hörer*** dieses **Dankliedes** von dem **„großen Licht, das zu sehen ist"**, gewesen sein.
Mit dem **Untergang Jerusalems** und der **Gefangenschaft in Babylon** hatte **Jesajas** ***Zeitgenossen auch schlimme Zeiten*** durchleben müssen.

Als sie sein Lied zum ersten Mal hörten, waren diese Zeiten noch nicht vorbei!!

Jesaja schreibt sein **Danklied** aus dem ***Blickwinkel der Zukunft***, - ***als ob*** das ***Schlimme*** und ***Belastende bereits hinter ihnen liege***.

° - Und wenn ich ***so meinen Blick einmal für eine Zeit von dem Schlimmen und Belastenden abwende***, - dann ***gesellen sich zu den Dunkelheiten dieses Jahres*** mit einem Mal ***auch einige***, vielleicht nur ***kleine Lichtblicke***:

Unser jüngster Enkel konnte trotz allem ***mit einer schönen Feier*** in der ***Turnhalle seiner Schule eingeschult*** werden. - -

Es gab auch einmal ***ernstere Gespräche in der Familie***, weil wir neu gemerkt haben, daß nicht immer alles nur „***Friede, Freude, Eierkuchen***" ist.

Besuche wurden ***seltener***, - aber eben manchmal auch ***intensiver*** und die ***Gespräche*** manchmal eben auch ***inhaltsreicher***...

Nachbarschaftliche Kontakte sind bei vielen ***stärker*** geworden, weil wir auch ***unsere Abhängigkeit voneinander stärker gespürt*** haben.

Für mich sind ***solche vielen kleinen Lichtblicke*** auch so etwas wie ***Fingerzeige*** **Gottes**, die uns ***spüren lassen*** können, ***daß unsere Lage nicht nur dunkel und aussichtslos ist***!! - - -

° - Auch in der ***Geschichte der deutschen Vereinigung*** in den **letzten 30 Jahren** gab es ***Dunkles*** und ***Schwieriges***, - und ***noch längst sind nicht alle Mißverständnisse überwunden*** und ***alle Gräben zwischen Ost und West zugeschüttet***.
Aber ***völlig selbstverständlich*** fahren ***Leute aus dem Westen*** ohne Probleme in die Ferien nach **Rügen** und **Usedom** und **Hiddensee**, - und ***ganz selbstverständlich*** sitze ***ich*** in einem ***Cafè am*** **Steinhuder Meer** und ***am Nebentisch*** erzählt jemand ***in breitestem*** **Sächsisch** von seinen Erlebnissen auf dem **Wilhelmstein**.
Also, - für mich ***paßt*** das **Losungswort** für heute so ***zu diesem schwierigen Jahr*** **2020** – und auch zu dem **30. Jahrestag der „deutschen Einheit"**:
„Das Volk, das im Finstern wandelt, sieht ein großes Licht, und über denen, die da wohnen im finstern Lande, scheint es hell."

Ich wünsche Ihnen, daß Sie ***in allen Schwierigkeiten*** und ***trotz aller Schwierigkeiten auch in Ihrem Leben*** immer wieder einmal ***solche kleinen Lichtpunkte entdecken*** und ***sich dankbar an ihnen freuen können***!!!

Telefon-Andacht am 27.10.`20

Guten Tag! Sie hören eine ***Andacht*** der **evangelischen Seeprovinz-Gemeinden** am **Steinhuder Meer**. ***Schön, daß Sie angerufen haben***!

Heute ist **Dienstag**, der **27. Oktober**.

Die **Losung** für heute steht im **Buch Hiob**, **Kap. 9,2+3**, wo es heißt:

„**Hiob sagte: Ich weiß wohl, es ist so: Wie könnte ein Mensch recht behalten gegen Gott. Hat er Lust, mit ihm zu streiten, so kann er ihm auf tausend nicht eines antworten.**"

Liebe ***Hörerinnen*** und ***Hörer***!

Ja, - wie könnte ein Mensch recht behalten gegen Gott!!!

Immer wieder einmal habe ich bei ***Besuchen im Krankenhaus*** – vor allem auf der ***Krebsstation*** – und vor allem, wenn es ***jüngere Patienten*** waren - - ***die Frage gehört***:

„***Womit habe ich das bloß verdient***??" - - - „***Ich habe doch nichts Böses getan***!!"

Und **Christen** fügten dann manchmal – vor allem, weil ich **Pastor** bin – noch hinzu: „***Ist*** **Gott** ***eigentlich gerecht – oder ungerecht***?" - - -

° - „***Womit habe ich verdient***, daß ***mein Mann mit* 40 *unheilbar erkrankt*** ist??

Unser Sohn ist doch ***gerade erst eingeschult*** worden!!"

Ein ***guter Freund infizierte sich bei einer Routineoperation*** mit einem ***multiresistenten Krankenhauskeim*** – und ist dann daran ***mit* 62 *vor*** **8 Jahren** ***gestorben***. - -

Womit hatte er das verdient?? - -

° - Und auch **Hiob** stellt ***diese Frage***!!

Ihn erreichen „**Hiobsbotschaften**", die man im **ersten Kapitel des Hiobbuches** nachlesen kann:

Seine Rinder und ***seine Eselinnen*** werden ***geraubt*** und ***seine Knechte***, die sie ***geweidet*** hatten, ***werden dabei erschlagen***...

Im selben Moment kommt ein ***zweiter Bote*** und sagt: „***Feuer fiel vom Himmel und traf Schafe und Knechte und verzehrte sie***."

Seine Kamele werden ***gestohlen*** und die ***Kameltreiber getötet***...

Und ***als wäre das alles noch nicht genug, zerstört ein schwerer Sturm das Haus***, in dem **Hiobs Söhne und Töchter** ***feierten***, - - ***und alle kommen unter dem zusammenfallenden Haus um***... - - -

° - ***Womit hat* Hiob *das verdient***?? - - -

Und ***in diesem merkwürdigen Jahr* 2020** könnte ich fragen: ***Womit haben es meine Enkel verdient***, daß sie nun ***mit Masken***, - mit ***Mund- und Nasenbedeckung*** ihren ***Weg zur Schule*** und ***aus den Klassen in die Pausen*** und dann ***den Weg nach Hause*** antreten müssen?? - -

Ein Witwer erzählte mir im ***Trauergespräch***, daß er ***seine Frau in ihren* 3 letzten Wochen *im Krankenhaus nicht mehr hatte besuchen dürfen***; - - und ***das war sehr schwer***, - - ***für sie, die Sterbende***, - und natürlich auch für ihn:

Womit habe ich das verdient?? - -

Viele Einschränkungen, - ***viele Schwierigkeiten***, - ***bei vielen Menschen*** geht es an die ***wirtschaftliche*** und an die ***persönliche Existenz***.

° - ***Womit haben wir es verdienst***, daß so ein **klitzekleines Virus**, - es ist nur **ein 100 millionstel Millimeter groß** oder **vielmehr klein**!! (DER SPIEGEL, Nr. 41 – 2.10.`20, S. 83) -, daß das ***Tausenden Menschen den Tod*** bringt - - oder ***Einsamkeit*** im Altenheim oder ***Arbeitslosigkeit*** für Jüngere.

Und ***reihenweise platzen Urlaubspläne***...

Für das alles muß es doch eine Erklärung geben, - auch wenn die, die **Donald Trump** mit dem ***chinesischen Bio-Labor*** gibt, ***wie bei ihm üblich, Unsinn ist***!!

° - ***Wo spüre ich jetzt noch etwas von einem* Gott, *der es gut mit seinen Menschen meint*** – und ***von dem* Jesus *doch als dem guten Vater erzählt hat***?? - -

Hiob sagt in der ***heutigen*** **Tageslosung**: „**Wie könnte ein Mensch recht behalten gegen Gott**." - - -

° - Ein ***alter Herr***, - ein ***Bekannter*** – war ***bei uns zu Besuch zu Kaffee und Kuchen***.

Wir sprachen über ***seine Frau***, die ***nach langer Ehe vor* 2 Jahren *gestorben*** war.
Er sagte: ***„Ich bin jetzt doch ziemlich einsam und leide darunter. - - In dieser „Corona-Zeit" ist es ja auch noch schwieriger, andere zu treffen, weil wir Alten uns ja besonders vor dem Virus fürchten.*** " - - -

Dann ***begannen wir von früher zu erzählen*** und ***erinnerten uns an Erlebnisse***, die wir ***gemeinsam und eben auch mit seiner Frau gehabt*** hatten.

Wir schauten Fotos an von einer ***gemeinsamen Reise***...

Und ***wir spürten, wie diese Erinnerungen halfen, kleine Lichtfunken in die dunklen Gefühle zu bringen***, mit denen unser Gespräch angefangen hatte.

Solche Lichtfunken können ***unsere Hoffnung bestärken***, daß wir ***am Ende doch nicht allein*** sind, - sondern ***trotz allem aufgehoben*** und ***geborgen*** und ***nicht vergessen***. - - -

Ob wir uns, ***wenn jetzt die Tage dunkler werden*** – und der **dunkle Monat November** ***naht***, der uns mit seinen ***Besinnungstagen*** in besonderer Weise ***an Sterben und Tod erinnert***, - ob es dann vielleicht gut ist, ***wenn wir uns Erinnerungen an gute Tage voller Sinn erzählen***??

Und so hält auch **Hiob** trotz aller „**Hiobsbotschaften**" an seinem **Gott** fest, - und ***er kämpft geradezu mit ihm, weil er verstehen will***...

Aber dann sieht er, ***daß der große und manchmal ferne* Gott *unbegreiflich bleibt***, - - aber das läßt ihn nicht von ***seinem unbedingten An-Gott-festhalten-Wollen*** abfallen.

In einer ***modernen Kindergeschichte***, die ich zum Schluß erzählen möchte, wird das sehr schön deutlich:

In einer alten Steinmauer wohnt eine Familie von Feldmäusen.

Kurz vor Wintereinbruch *sammeln sie* ***Körner, Nüsse, Weizen*** *und* ***Stroh*** *als* ***Wintervorrat.***

Alle packen mit an und ***arbeiten hart.***

Alle – bis auf ***F r e d e r i c k*** *. - -* ***Zur Rede gestellt, warum er nichts tue und nur faul und schläfrig dasitze, antwortet er:***

„Ich arbeite doch, - ich sammle Sonnenstrahlen für die kalten Wintertage!" - - -

Ein andermal sagt er, während er ruhig auf seinem Stein sitzt und die anderen schuften: *„**Ich sammle Farben; - denn der Winter ist grau.**“*

*Als nun der **Winter** kommt und der **Schnee** das ganze Land bedeckt, ziehen sich die **Mäuse** in ihr **Winterquartier** zurück.*

***In der ersten Zeit** gibt es noch **viel zu fressen**, - und die **Mäuse erzählen** sich Geschichten von **singenden Füchsen** und **tanzenden Katzen**. - - Da war die **Mäusefamilie** ganz **glücklich**.*

*Aber nach und nach waren **fast alle Nüsse und Beeren aufgeknabbert**, - - und an **Körner** konnten sie sich **kaum noch erinnern**.*

***Es war auf einmal sehr kalt** zwischen den Steinen der alten Mauer.*

*Da fiel ihnen plötzlich ein, wie **F r e d e r i c k** von **Sonnenstrahlen** und **Farben** gesprochen hatte.*

*„**Frederick!**“, riefen sie. „**Was machen eigentlich d e i n e Vorräte**?“*

*„**Macht die Augen zu**“, sagte **Frederick** und kletterte auf einen großen Stein.*

*„**Jetzt schicke ich euch die Sonnenstrahlen**. - - **Fühlt ihr schon, wie warm sie sind? - - Warm, schön und golden**?“ - -*

*Und während **F r e d e r i c k** so von der **Sonne** erzählte, **wurde den kleinen Mäusen schon viel wärmer**...“*

***Und so ähnlich geht es dann auch mit den Farben**...*

Die ***Mäuse*** können ***nicht*** von den ***Nüssen*** und ***Körnern allein*** leben. - - Wenn sie die ***lange Zeit des Winters*** überstehen wollen, dann ***braucht es mehr***.

Es braucht ***gute Erinnerungen***, - ***dankbares Erzählen***, - und es braucht die ***Hoffnung*** und das ***Vertrauen darauf***, ***daß*** **Gott** ***uns nicht allein läßt***, - und so ***wie*** **Hiob** ***möchte ich an dieser*** **Hoffnung** ***und diesem*** **Vertrauen** ***auf*** **Gott** ***festhalten***.

Telefon-Andacht am 10.11.`20

Guten Tag! Sie hören eine ***Andacht*** der **evangelischen Seeprovinz-Gemeinden** am **Steinhuder Meer**. ***Schön, daß Sie angerufen haben***!

Heute ist **Dienstag**, der **10. November**.

Die **Tageslosung für heute** ich ein Wort aus **Ps 86,16**:

„Wende dich zu mir und sei mir gnädig; stärke deinen Knecht mit deiner Kraft.“

° - Liebe ***Hörerinnen*** und ***Hörer***!

Heute vor **537 Jahren** wurde **Martin Luther** ***geboren***, - und ***im nächsten Jahr*** wird es **500 Jahre her** sein, ***daß er sich*** auf dem **Reichstag von Worms** vor dem **Kaiser** ***weigerte***, ***seine neuen Erkenntnisse über den*** **Inhalt des christlichen Glaubens** ***zu widerrufen***.

Vor einem ***zornigen***, - vor einem ***alle Sünden strafenden*** **Gott** hatte **Martin Luther** ***sich gefürchtet***.

Und ***aus Furcht vor diesem*** **Gott** hatte er **1505** ***mit*** **21 Jahren** sein ***Jurastudium aufgegeben*** und war in **Erfurt** ***ins Kloster gegangen***.

Aber alle ***Gebete*** und ***Gottesdienste***, - alle ***Beichten*** und ***Schuldbekenntnisse*** hatten ihm ***seine Angst nicht nehmen können***...

Seine Vorgesetzten im **Augustiner-Orden**, in den er eingetreten war, bestimmten, daß er **Theologie** ***studieren*** sollte, - und schließlich wurde er **Theologieprofessor**... Beim ***Lesen*** und ***Studieren*** der **Bibel** für seine ***Vorlesungen*** an der ***neugegründeten*** **Universität** von **Wittenberg** änderte sich seine ***Vorstellung von*** **Gott**:

Nicht mehr der strafende, zornige **Gott** stand ***ab jetzt*** für ihn ***im Mittelpunkt***, - - sondern so, wie **Jesus** es von seinem **himmlischen Vater** ***erzählt*** und wie **Paulus** es ***in seinen Briefen an die ersten christlichen Gemeinden geschrieben*** hatte:

Der ***vergebende***, der ***liebende***, der ***immer wieder neue Anfänge schenkende*** **Gott**...

° - Und **Luther** erkannte:

Ich muß mir die **Liebe dieses Gottes** ***nicht verdienen*** durch ***irgendwelche frommen Leistungen***, - sondern ***er liebt mich einfach so***!! - - -

Und ***nicht aus Angst***, - sondern ***aus Freude über und Dankbarkeit für diese grundlose Liebe*** kann ich dann versuchen, ***mein Leben von seinem guten Willen für uns Menschen prägen zu lassen***. - - -

In der **Taufe** hat **Gott** ***ein für allemal*** „**Ja**" zu mir gesagt: „***Ja, - du bist mein geliebter Mensch, - meine geliebte Tochter, - mein geliebter Sohn***!"

Immer wieder hat sich **Luther** ***in schwierigen Situationen*** an seine **Taufe** und an ***dieses grundlegende* „Ja" Gottes *erinnert***, - - und er konnte dann mit der **heutigen Tageslosung** sagen:

„**Wende dich zu mir und sei mir gnädig; stärke deinen Knecht mit deiner Kraft**."

° - ***Vielen Menschen*** wird in dieser „**Corona-Zeit**" ***alles Etwas-leisten-Wollen***, - ***alles Sich-durch-eigene-Leistung-bestätigen-Wollen aus der Hand genommen***.

Was bin ich noch wert, wenn mir ***alle meine Möglichkeiten genommen*** werden und ***ich auf Grund der Anweisung der* Bundeskanzlerin *Zuhause sitze***?? - - -

Viele sind ***niedergedrückt***, - ***deprimiert***, - ***vielleicht auch zornig*** - - und ***bangen um ihre wirtschaftliche Existenz***, - ***um ihren Arbeitsplatz***:

Künstler, Masseure, Saunabetreiber, Gastronomen, Cafèhaus-Besitzer und viele, viele andere...

Bedeute ich noch etwas für andere, wenn ich sie nicht treffen, - ***mit ihnen nur über Telefon oder durch Skypen sprechen kann***??

° - Gegen all` das, was uns die ***dunklen Tage im* November** in diesem Jahr noch ***zusätzlich schwer macht***, - sagt **Gott**:

„***Du bist wertvoll für mich! - Ich habe dich lieb! – Ich vergesse dich nicht! – Ich lasse dich nicht allein***!" - - -

° - Und ***diesen* Gott *wieder neu kennengelernt zu haben*** – und ***von ihm zu erzählen*** und ihn wieder ***für den christlichen Glauben und die Kirche wieder groß zu machen***, - das ist ***das wichtige*** und ***bleibende Verdienst*** **Martin Luthers**.

° - ***Schließen*** möchte ich mit einer „**Kindergeschichte**" von **Peter Bichsel** (* 1935):

Sie geht so:

„Am Hofe gab es starke Leute und gescheite Leute*, - der* ***König*** *war ein* ***König****, - die* ***Frauen*** *waren* ***schön*** *und die* ***Männer mutig****, - der* ***Pfarrer fromm*** *und die* ***Küchenmagd fleißig****... - -*

Nur **Colombin**, - **Colombin** *war nichts...*

Wenn jemand sagte: ***„Komm,*** **Colombin,** ***kämpfe mit mir****", sagte* **Colombin***: „****Ich bin schwächer als du.****" Wenn jemand sagte: „****Wieviel gibt zwei mal sieben?****", sagte* **Colombin***: „****Ich bin dümmer als du.****" Wenn jemand sagte: „****Getraust du dich, über den Bach zu springen?****", sagte* **Colombin***: „****Nein, ich getraue mich nicht.****"*

Und wenn der ***König*** *fragte: „***Colombin,** ***was willst du werden****?",*
antwortete **Colombin***:*

*„****Ich will nichts werden, - ich bin schon etwas, - ich bin*** **Colombin."**

Liebe ***Hörerinnen*** und ***Hörer***!

Sie und ***ich*** – auch in diesen ***dunklen*** **November-** und **„Corona"-*****Zeiten - -, wir sind schon etwas***!! - - Wir sind **Gottes** ***geliebte Menschen*** und die ***Freundinnen*** und ***Freunde***, - die ***Schwestern*** und ***Brüder*** des **Jesus von Nazareth**.

Ich wünsche Ihnen, daß ***dieser Glaube*** und ***dieses Vertrauen*** immer wieder einmal ***ein wenig Licht in diese dunklen Tage bringt***.

Bleiben Sie gesund und ***von dem*** **Gott** ***behütet, den*** **Martin Luther** ***wiederentdeckt hat***!!

Telefon-Andacht am 19.11.`20

Guten Tag! Sie hören eine ***Andacht*** der **evangelischen Seeprovinz-Gemeinden** am **Steinhuder Meer**. ***Schön, daß Sie angerufen haben***!

Heute ist **Donnerstag**, der **19. November**.

Die **Losung** für heute steht in **Ps 34,9**, - wo es heißt:

„**Schmecket und sehet, wie freundlich der Herr ist. Wohl dem, der auf ihn trauet**."

Und der **Lehrtext aus dem Neuen Testament** für heute steht bei **Lukas, Kap. 14,17**:

„**Kommt, alles ist schon bereit**!"

° - Liebe ***Hörerinnen*** und ***Hörer***!

Ich war zu einem ***Trauergespräch*** bei einem ***alten Herrn***, dessen ***Frau gestorben*** war.

Wir sprachen über ***ihr Leben***, - über die ***vielen, schönen Reisen***, die das Ehepaar in einem ***langen gemeinsamen Leben*** gemacht hatte, - und über die ***letzten schweren Zeiten***, seit sie ***vor* 3 Jahren *an* ALS *erkrankt*** war.

Auf dem ***Friedhof***, auf dem ihre ***Urne beigesetzt*** werden sollte, steht nur eine ***ziemlich kleine* Friedhofskapelle**, - und der ***alte Herr*** sagte:

„***Nach den* „Corona-Abstandsregeln" *dürfen nur* 13 Leute *in die* Kapelle. - - *Wen soll ich denn nun ein- und wen damit praktisch ausladen und so vielleicht verletzen??***
- -
Es ist einfach k e i n P l a t z für alle die da, die eigentlich zu uns gehören??!!!" - - -

° - ***K e i n P l a t z für mich***. - - -

Das ist ***eine Erfahrung***, die ***immer wieder von Menschen gemacht*** werden muß.

Da gibt es für ***Behinderte*** das ***Pflegeheim***, - für die ***Alten*** das ***Altersheim***, - für ***Kranke*** das ***Krankenhaus*** – und für ***Sterbende*** das ***Hospiz***.

Und das ist ja auch gut, daß es das alles gibt, - und ***in vielen Fällen*** ist es ja auch ***einfach notwendig***.

Und doch haben Menschen in diesen guten Einrichtungen ***manchmal das Gefühl***: ***Wir werden abgeschoben***. In der Gesellschaft der ***Leistungsstarken*** und ***Gesunden***, - da ist eben für uns **k e i n P l a t z** !!! - -

Und ***aktuell*** scheint ***für alte Menschen*** und ***Menschen mit Vorerkrankungen*** **k e i n P l a t z** ***in der Gesellschaft*** zu sein, ***die die*** **„Corona-Pandemie"** ***möglichst schnell hinter sich lassen will***. - - -

Da erleben ***Kinder*** und ***Jugendliche***, daß ***Eltern*** ihnen ***Geld in die Hand*** geben, weil sie selbst offenbar ihre Ruhe haben wollen. ***Für sie, - für ihre Fragen und Probleme, ist in der Familie*** **k e i n P l a t z**.

Viele junge Menschen finden ***nach der Ausbildung keine feste Anstellung***, sondern wandern ***von Praktikum zu Praktikum*** und spüren: ***Für mich ist*** **k e i n g e s i c h e r t e r P l a t z** ***in der Berufswelt***. - -

Da leben ***Mann*** und ***Frau zwar zusammen, aber eigentlich mehr nebeneinanderher***. - - Obwohl sie beieinander sind, haben sie das Gefühl: ***Eigentlich ist für mich bei dem anderen*** **k e i n P l a t z** ***mehr***... - -

Und so könnte ich fortfahren und ***viele ähnliche Geschichten*** erzählen, die ***alle das Ergebnis*** hätten: **K e i n P l a t z f ü r m i c h** !!! - -

° - Und dann erzählt **Jesus** eine ***Geschichte*** von einem ***großen Festmahl*** und ***da sagt er als Einladender***: **„Kommt; denn es ist alles bereit! An meinem Tisch ist für jeden und jede von euch P l a t z** !!!" - - -

Damals, - da gab es zum Beispiel **Zöllner**, die mit der **römischen Besatzungsmacht** ***zusammenarbeiteten*** – und für die deshalb ***in der Gesellschaft der frommen Israeliten*** **k e i n P l a t z** war.

Und dann ißt er mit dem ***Oberzöllner von*** **Jericho**, - dem **Zachäus** und sagt damit: „***Bei mir ist*** **P l a t z** ***auch für dich***!!" - - -

Und ***solche Erfahrungen*** haben ***Menschen mit diesem*** **Jesus** ***immer wieder gemacht***:

Wenn sie zu ihm kamen, dan hat er ***nicht erst in seinem Terminkalender geblättert***. Dann hat er ***nicht gesagt***: „***Wenn es denn sehr dringend ist, komm Anfang nächster Woche noch einmal***!"

Er ist ***einfach ein Stück zur Seite gerückt***, - und ***es gab*** **P l a t z** ***für den, der ihn nötig hatte***. - - -

Bei diesem **Jesus von Nazareth**, - ***da ist*** **P l a t z** ***für mich, - an seinem Tisch***.

Ob ich vielleicht auch um ***einige andere Menschen in meiner Nähe***, - in ***meiner Umgebung*** weiß, - ***die sich aus ihrem Alleinsein, - aus ihrer*** **„Corona-Einsamkeit"** ***heraussehnen an diesen Tisch der Gemeinschaft***, von dem **Jesus** in seinem ***Gleichnis*** in **Lukas 14** erzählt, - an diesen ***Tisch der Gemeinschaft*** der ***Schwestern*** und ***Brüder***, - der ***Freundinnen*** und ***Freunde*** dieses **Jesus von Nazareth**?? - - und ***ob ich ihnen vielleicht sagen und zeigen könnte***:

„***Bei mir, - in meinem Kalender, - in meinem Telefonhörer, - auf meinem Spaziergang durch den herbstlichen Wald, - - da ist auch***
P l a t z ***für dich, - und ich würde mich freuen, wenn du diesen***
P l a t z ***einnimmst***!!???“ - - -

Als ich **vor 41 Jahren** als **Vikar** in **Bad Eilsen** anfing, - da feierten wir die Gottesdienste in der dortigen **Christus-Kirche** vor einem ***Altarbild***, das **Erich Klahn** gemalt hatte, - **Erich Klahn**, dessen Frau **Barbara Bosse-Klahn**, dann längere Jahre ***Äbtissin*** in **Mariensee** gewesen ist...

Auf diesem ***Altar*** war ein ***Abendmahlsbild*** abgebildet mit **Jesus** und seinen **12 Jüngern** um einen ***runden Tisch***; - - und dann: ***Nach vorne***, - ***zur Gemeinde*** hin: ***Ein Stuhl frei***!! - -

„***Du bist eingeladen, - du darfst dazugehören***!“ - -

„Da gibt es ***keine Bedingungen***: Du mußt ***nicht ganz besonders fromm*** sein: ***Du bist gemeint***; - - ***setz` dich doch zu uns***!!“

° - Auch für Sie, liebe ***Hörerin*** und lieber ***Hörer***, ist **P l a t z** ***am Tisch von*** **Gottes** ***großem Festmahl***.

Und deshalb sind ***Einsamkeit*** und ***Alleinsein*** und ***die dunklen Tage des*** **November** ***nicht das Letzte***, sondern der **P l a t z** ***in*** **Gottes Reich**, - und Sie und ich, ***wir dürfen schon jetzt*** **P l a t z n e h m e n** .

Und ***die ersten Kerzen auf dem Tisch, sie brennen schon*** und sagen:

„**Kommt; denn es ist alles bereit**!“

Und bald – so hoffe ich – werden wir ***im Gottesdienst*** dann ja `mal wieder ***zum*** **Abendmahl** ***eingeladen***, wo dann ja auch dieser Satz aus dem **neutstamentlichen Lehrtext** wieder zu uns gesagt werden wird:

„**Kommt, denn es ist alles bereit**!“

Telefon-Andacht am 26.11.`20

Guten Tag! Sie hören eine ***Andacht*** der **evangelischen Seeprovinz-Gemeinden** am **Steinhuder Meer**. ***Schön, daß Sie angerufen haben***!

Heute ist **Donnerstag**, der **26. November**.

Der **Lehrtext** aus dem **Neuen Testament** für heute steht in **Eph 5,20**, wo es heißt;

"Sagt Dank Gott, dem Vater, allezeit für alles, im Namen unseres Herrn Jesus Christus."

° - Liebe ***Hörerinnen*** und ***Hörer***!

November, - das für die meisten wirklich ***nicht der Monat zum Liebhaben***!! - -

Nein, - er ist normalerweise ***windig*** und ***naß*** und ***dunkel***, - - und auch ich habe ***kein gutes Verhältnis zu diesem dunklen Monat***, obwohl ***mein nächster Bruder*** und ***ich in ihm geboren*** sind.

Und dann noch der sogenannte „**Teil-lockdown**", der das Ganze ***noch einmal trister*** und ***einfach unschöner*** macht!!

Und dann dieser **Lehrtext** für heute:

"Sagt Dank Gott, dem Vater, allezeit für alles, im Namen unseres Herrn Jesus Christus."!!! - - -

Ich jedenfalls habe Schwierigkeiten damit, - und ***wahrscheinlich geht es Ihnen ja im Moment auch so***!! - - -
Wie könnte das gehen, - in diesen dunklen, deprimiert machenden Tagen zu danken??

Und dann für* „ALLES" *zu danken!! - - ***Es fällt mir schwer, das zu verstehen***!!

° - ***Ich möchte Ihnen* 2 Menschen *vorstellen, die das – möglicherweise in anderer Situation – konnten, - danken***.

Und vielleicht kann ich ja, - vielleicht können auch Sie ein wenig von ihnen lernen!!

° - Der ***große polnische Pianist*** **Artur Rubinstein** (1887 – 1982), der **1982** im Alter von **95 Jahren** starb, schrieb einmal:
(vgl. W. Hoffsümmer, „Kurzgeschichten 6", S. 111 = Nr. 106):

Als junger Mann war ich einmal sehr verzweifelt, - ganz auf null. - - Ich hatte **kein Geld** und konnte das **Hotel nicht bezahlen**; - ich war **nicht verliebt**; - **mit meinen Eltern war ich ganz auseinander**.......

Aber später, als ich auf die Straße kam, ***fühlte ich mich als neuer Mensch*****:** ***Ich sah die Welt mit anderen Augen an***.

*Ich sagte mir: „**Was bist du doch für ein Dummkopf!**“ - - Und ich spürte:*

Das Leben hat so wunderbare Dinge für uns bereit: Blumen, Musik, Poesie, Bücher, Gedanken, Liebe. - - Das kann uns niemand wegnehmen...

Ich habe eine merkwürdige Gewohnheit:

Ich freue mich jeden Morgen, wenn ich aufstehe, daß ich noch sehen kann, hören kann, riechen kann; - daß ich noch alle Sinne besitze, - daß ich noch gehen kann...

Das sind doch wunderbare Geschenke!!

Es könnte ja auch anders sein. - - Gut, - auch damit müßte ich mich abfinden...

Aber man muß doch ein bißchen dankbar sein!! - -

... ***Wir jammern so oft über Kleinigkeiten – und sehen nicht die großen Dinge, die uns geschenkt sind.*** *“ (*gekürzt!!*)*

Wie Vieles ist uns ***geschenkt***, - ***für wie Vieles*** können wir ***danken***!! - -

° - ***Wie Vieles ist mir geschenkt***!!! - - -

Der ***französische Priester*** **Michel Ouoist** (1921 – 1997) veröffentlichte **1954** ein ***kleines Gebetbuch***, das ***2 ½ Millionen mal gedruckt*** wurde und im Deutschen den Titel trug: „**Herr, da bin ich**“. - -

An einer Stelle schreibt er:

(S. 70) „***Danke, Herr, Danke!***
Danke für alle Geschenke, die du mir heute angeboten hast...

Dank für das Wasser, das mich wachgemacht hat, für die Seife, die so gut riecht, für die erfrischende Zahnpasta. ...

Dank für die prompt zugestellte Zeitung und für die spannende Geschichte darin. ...

Dank für den Müllabfuhrwagen und für die Männer, die ihn begleiten.
...
Dank für das gewonnene Fußballspiel. ...

Dank für die Nahrung, die mich gestärkt, für das Glas Bier, das vorhin meinen Durst gestillt hat. ...

Dank für die Mädchen, denen ich begegnet bin, für das Rouge auf den Lippen von **Marie-Therese,** ***sie hat die Farbe klug gewählt.***
...
Dank für das Dach, das mich beschützt, für das Licht, das mir leuchtet, für die Melodie aus dem Radio."

° - ***Wie viele kleine Dinge*** begegnen mir heute, die mir selbstverständlich erscheinen.
Ob sie anders aussehen, wenn ich einmal für sie danke?? - - -

Oft, wenn ich von der dunklen Zeit so gefangen bin, bemerke ich die schönen Dinge gar nicht. - - ***Dann könnte vielleicht eine kleine Übung helfen***:

° - („Kurzgeschichten 8", Nr. 108 = S. 109):

Eine Frau verließ niemals das Haus, ohne sich vorher eine Hand voll Glassteinchen einzustecken.

Sie wollte ***die schönen Momente des Tages*** *bewußt wahrnehmen, um sie besser zählen zu können.*

Jede gute, schöne und positive Kleinigkeit*, die sie während des Tages erlebte (z.B. ein lustiges Schwätzchen, strahlende Kinderaugen, ein gutes Essen, eine kleine Aufmerksamkeit...), und* ***für alles, was die Sinne erfreute, ließ sie ein Glassteinchen von der rechten in die linke Jackentasche gleiten****. Manchmal waren es gleich* ***zwei*** *oder* ***drei****...*

Abends zu Hause zählte sie dann die Glassteinchen aus der linken Jackentasche, - und sie führte sich dann vor Augen, wie viel Schönes und Gutes ihr an diesem Tag begegnet war.

Und sie ***freute sich*** *und* ***dankte ihrem Schöpfer****.*

Und sogar dann, wenn sie ***nur ein Glassteinchen*** *zählen konnte, war es* ***ein gelungener Tag – ein Tag, an dem sich zu leben gelohnt hatte****.*

Wenn ich für etwas dankbar sein kann, dann war es ein gelungener Tag, an dem zu leben sich gelohnt hat!! - - -

° - ***Ich habe einmal versucht, solche Glassteinchen für mich selber zu sammeln, - - und da ist viel zusammengekommen***!! - - -

° - ***Heute darf ich Geburtstag feiern,wenn auch dieses Mal nur mit meiner Frau zusammen***!! - - Und da habe ich ***ganz viel Grund zu danken***:

Für **40 schöne Dienstjahre** ***im Pfarramt***, - für ***ganz viele Menschen, denen ich da begegnet bin***.

Für ***meine Frau***, die mich immer noch erträgt, - für ***2 Töchter***, ***2 Schwiegersöhne*** und ***4 Enkel***, für die alle ich gar nicht genug dankbar sein kann. ***Für inzwischen nun schon*** 7 **schöne Jahre** ***im Ruhestand***.

° - Liebe ***Hörerinnen*** und ***Hörer***!

Ich wünsche Ihnen – auch jetzt im **November** und trotz allem – ***gelungene Tage, an denen zu leben sich gelohnt hat***, - und vielleicht können Sie ja auch ***am Ende eines Tages darüber nachdenken, wofür Sie Gott heute danken können***!!

Telefon-Andacht am 7.12.`20

Guten Tag! Sie hören eine ***Andacht*** der **evangelischen Seeprovinz-Gemeinden** am **Steinhuder Meer**. ***Schön, daß Sie angerufen haben***!

Heute ist **Montag**, der **7. Dezember**.

Die **Losung** für heute steht im **Buch Daniel, Kap. 12,3**, - wo es heißt:

„Die Verständigen werden leuchten wie des Himmels Glanz, und die viele zur Gerechtigkeit weisen, wie die Sterne immer und ewiglich."

° - Liebe ***Hörerinnen*** und liebe ***Hörer***!

Beim ***heutigen*** **Losungstext** sind die ***beiden Verse vorher*** wichtig zum Verstehen. - - Da heißt es in **Dan 12,1-3**:

„1) ***... es wird eine Zeit so großer Trübsal sein, wie sie nie gewesen ist, seitdem es Menschen gibt... Aber dein Volk wird errettet werden...***
2) ***Und viele, die unter der Erde schlafen liegen, werden aufwachen, die einen zum ewigen Leben, die andern zu ewiger Schmach und Schande.***
3) ***Und*** **„die Verständigen werden leuchten wie des Himmels Glanz, und die viele zur Gerechtigkeit weisen, wie die Sterne immer und ewiglich.**"

° - ***Große Trübsal***:

Nachdem **Alexander der Große 323 v. Chr.** in **Babylon** überraschend und **erst 33 Jahre alt** ***gestorben*** war – wahrscheinlich an ***Malaria*** -, wurde ***sein Großreich***, das ja von **Griechenland** bis nach **Indien** reichte, ***unter seinen Feldherrn aufgeteilt***.

Und einer von ihnen – **Seleukos** – bekam das ***große Gebiet*** von **Indien** bis **Syrien** und **Palästina**.

160 Jahre hatten die von ihm abstammenden **Seleukiden-Könige** auch über das **Heilige Land** regiert, - da wurde **175 v. Chr. Antiochos IV. Epiphanes** ***König***.

167 v. Chr. kam es in **Jerusalem** zu einem ***Aufstand*** gegen seine Herrschaft, - ***aber der König schlug ihn nieder*** und ***wollte nun den Glauben an den*** **Gott Israels** ***ausrotten***; denn er war ja der Grund, weswegen es ***immer wieder zu Aufständen gegen die fremden Besatzer*** kam.

So begann er, aus **Jerusalem** eine ***griechisch geprägte Stadt*** zu machen – zum Beispiel mit einem ***Gymnasium für olympische Wettkämpfe***.

Den **Tempel** wollte er in einen ***griechischen*** **Tempel** umwandeln und ein ***Standbild des höchsten griechischen Gottes*** **Zeus** in ihm aufstellen.

Ein ***neuer Aufstand*** begann, - der sogenannte „**Makkabäer-Aufstand**".

Und viele, die ***für ihren*** **Gott** und ***für die Reinheit des*** **Tempels** kämpften, ***fielen***, -

starben in diesem Kampf. - - -

° - ***Warum hatte ihr*** **Gott** ***ihnen nicht geholfen***?? - -

Waren sie aus **Gottes Händen** ***herausgefallen***? - -

Diese Frage trieb die Juden um; - und sie ***beschäftigte auch*** den ***Verfasser des*** **Buches Daniel**. - - -

Und der schrieb:
2) ***Und viele, die unter der Erde schlafen liegen, werden aufwachen, die einen zum ewigen Leben, die andern zu ewiger Schmach und Schande.***
3) ***Und*** **„die Verständigen werden leuchten wie des Himmels Glanz, und die viele zur Gerechtigkeit weisen, wie die Sterne immer und ewiglich."**

Also – und das steht hier ***zum ersten Mal im*** **Alten Testament** – also: ***Der Tod hat nicht das letzte Wort für das Leben der Märtyrer, die für ihren*** **Gott** ***und für den*** **Tempel** ***gekämpft haben und dabei gestorben sind***.

° - Später wird diese ***Hoffnung auf die*** **Auferstehung der Toten** zum ***Zentrum***, -

zur ***Ursprungserfahrung des*** **christlichen Glaubens**.
Und **Christus, der Auferstandene** sagt: **„Ich lebe, und ihr sollt auch**
leben" (Joh 14,19).

Der Tod hat nicht das letzte Wort!! - - ***Es steht noch etwas aus***!! – ***Es ist noch etwas zu erwarten am anderen Ufer der Zeit***!!

Ich kann mir das jetzt nicht vorstellen und weiß nicht, wie es sein wird!

Aber ***ich vertraue*** darauf, ***daß*** **Gottes Beziehung** ***zu seinen Menschen mit dem Tod nicht aufhört***!! Daß er die ***Beziehung*** zu uns ***durch den Tod durchhalten*** oder ***vielleicht auch neu knüpfen*** wird.

° - ***Und was bedeutet mir dieser Glaube und dieses Vertrauen heute, - für mein alltägliches Leben***? - - -
Eine ***kurze Geschichte*** dazu: (Hoffsümmer, „Kurzgeschichten 4, Nr. 232)

*„Ein Mann, der nicht so recht wußte, wie es sein würde mit der **Auferstehung**, bat* **Gott***, ihn das begreifen zu lehren.*

Gott *hatte dafür **Verständnis** und sagte zu ihm:*

„*Du darfst das mit dem Himmel schon einmal hier auf der Erde aus-probieren***.**

Erkläre einfach jedes Stückchen Erde, auf dem menschen sind, mit denen du zusammen sein möchtest, zum Himmel*!"*

***Der Mann** dachte, das müßte eigentlich **ganz nett** werden.*

*Gerade da kam ihm **ein Nachbar** in den Weg, - und als er ihn sah, fand er, das sei **ein derart unausstehlicher Kerl**, - - **mit dem wolle er ganz bestimmt nicht im Himmel sein**.*

*Als er durch die Straßen ging, **ärgerte ihn der Lärm der Kinder**.*

*Von **lauten Kindern** sollte der **Himmel jedenfalls frei sein**.*

Nun begann er** zu träumen von fernen Ländern **und fühlte sich schon** fast im Paradies.**

***Dummerweise** fiel sein Blick jetzt auf ein **Plakat**: „**Die „**Dritte Welt**" braucht Deine Hilfe**!"- - -*

***Helfen würde er, wenn er den Himmel erst einmal ausprobiert hatte, - nicht jetzt**. - -*

*Während er **sein zerstörtes Fernweh beklagte**, stieß er fast mit **einem Mann** zusammen, dem man ansah, daß er einen **Migrationshintergrund** hatte.*

***Die sollten schon in den Himmel, - aber doch bitte in eine andere Abteilung**. - - -*

*Nun, - wenigstens **seine Frau** und **seine Freunde** würde er **mit in den Himmel** nehmen. - - **Doch recht besehen, war er sich auch da nicht mehr so sicher**!! - - -*

Als er schließlich überschlug, was ihm an **Himmel** ***geblieben war, sah er, daß es nicht mehr war als der Quadratmeter Boden, auf dem er gerade festsaß****!! - - -*

Und er merkte mit Entsetzen, daß das die **Hölle** ***war****!! - - -*

° **-** *Da stand er auf, - **sagte seiner Frau ein gutes Wort** und **rief einen Kollegen an**, der schon lange wartete, daß er sich `mal meldete.*

*Und als er aufstand, **spürte er, daß*** **Auferstehung etwas sehr Schönes** ***sein müsse****."*

° - ***Die Hoffnung, daß*** **Gott** ***uns nicht vergißt***, kann Ihnen, liebe ***Hörerin*** und lieber ***Hörer***, ***Kraft geben***, auch ***in diesen dunklen*** **„Corona-Tagen“**.

Wem könnte ich ***heute ein gutes Wort*** sagen, - und wenn es auch nur am ***Telefon*** ist?? - - ***Wen könnte ich anrufen*** – vielleicht nur, um zu sagen: „***Ich denke an Dich***!“?? - -

Vielleicht erführen wir dann ein klein wenig von **„des Himmels Glanz“**, von dem **Daniel** in unserer ***heutigen*** **Losung** spricht!!

Telefon-Andacht am 17.12..`20

Guten Tag! Sie hören eine ***Andacht*** der **evangelischen Seeprovinz-Gemeinden** am **Steinhuder Meer**. ***Schön, daß Sie angerufen haben***!

Heute ist **Donnerstag**, der **17. Dezember**.

Die **Losung für heute** steht im **Buch des Propheten Jeremia** in **Kap. 31,37** und heißt:

„**Es gibt eine Hoffnung für Deine Zukunft, spricht der HERR**."

Liebe ***Hörerinnen*** und ***Hörer***!

Advent – ***wir warten***...

Meine kleineren Enkel warten wirklich, - ***warten angestrengt***:

„***Oma, - Opa, - es ist noch soooo lange bis Weihnachten***!" - -

Normalerweise warte ich in diesen Tagen auf den „**Weihnachtsmarkt**", - einen ***schönen Glühwein mit Schuß*** und eine ***Champignon-Pfanne***...

Warte auf die ***Entscheidungen über die Besuchsplanungen*** über die **Weihnachtstage** und den **Jahreswechsel**...

So oder so ähnlich wartete ich mit ***vielen anderen*** in ***normalen Jahren*** im **Advent**...

Aber **2020** ist eben ***kein normaler*** **Advent**! - - -

„**Es gibt eine Hoffnung für Deine Zukunft, spricht der HERR**." So heißt es bei **Jeremia**...

Welche Hoffnung gibt es ***in diesem*** **Advent**, - für ***Sie***, - für ***mich***??

Ich hoffe darauf, daß ***die dunklen Tage ein Ende haben*** werden und es ***wieder heller in unser aller Leben*** wird.

Ich warte darauf, - mir ***nahe Menschen bei der Begrüßung*** wieder ***ohne Angst umarmen zu dürfen***".

Ich wünsche mir, im kommenden Jahr ***gesund zu bleiben***, - und daß dann ***weniger mir nahe Menschen krank werden*** und ***sterben müssen***...

Ich warte darauf, daß die ***Intensivstationen wieder leerer werden*** – und daß ***die alles bestimmende Macht des Virus bald ein Ende hat***.

Daß ***unsere Enkel ohne Mund- und Nasenschutz in der Schule lernen*** und dann ***in der Pause ohne Rücksicht auf Abstand*** mit ihren ***Klassenkameradinnen*** und ***-kameraden toben können***.

Vor 10 Tagen, - bei der ***Trauerfeier für einen engen Freund wartete ich darauf***, **Jesu Nähe** ***zu spüren***, - in der ***Friedhofskapelle*** und dann am ***Grab naher Menschen***...

Und ***hoffentlich bald*** möchte ich ***sie wieder spüren*** im ***kräftigen Gesang gut gefüllter Gottesdienste*** - - und bei der ***Feier des Abendmahles*** mit den ***Schwestern*** und ***Brüdern***...

° - Und ***manchmal spüre ich etwas von der Nähe dessen, auf den ich warte, schon jetzt***:

Als **die Witwe** sagt: „***Die Worte der Hoffnung, die du gesagt hast, haben mich getröstet und mir Halt gegeben***!"

Als ich mit einem **alten Freund**, der ***schwer erkrankt*** ist und ***sich kaum noch bewegen kann***, von seinem Haus **50 km** ans ***Steinhuder Meer*** fahre, - und wir dann ***auf einer Bank an der Promenade*** sitzen und ***auf's sonnenbeschienene Meer schauen***, - - und ***als ich spüre, wie gut ihm das tut***. - - -

Eine unserer Töchter ruft in letzter Zeit häufiger an als früher, - und es tut gut zu spüren, wie ihr ***die Beziehung zu ihren Eltern wichtig*** ist.

Kleine Zeichen, daß der **Geist des Advent**, - das ***Warten auf ein Ende der Dunkelheiten***, weil das **Kind in Bethlehem** ***geboren*** wurde, - daß dieser **Geist des Advent** sich ***schon jetzt*** manchmal ***anfangsweise verwirklicht.***

Und **dieses Kind** hat später ***von sich gesagt***: **„Ich bin das Licht der Welt. Wer mich nachfolgt, der wird nicht wandeln in der Dunkelheit, sondern der wird das Licht des Lebens haben**." - - -

° - ***Ich will weiter zu warten versuchen***, - ***warten*** auf das **Licht von Weihnachten**, - das ***schon jetzt kleine Lichtpunkte vorausschickt***.

Andrea Schwarz, eine Kinderbuchaurtorin, schrieb einmal („Wenn ich meinem Dunkel traue“, S. 81f.):

Meistens wird Gott
ganz leise
Mensch

die Engel
singen nicht
die Könige gehen vorbei
die Hirten bleiben
bei ihren Herden

meistens wird Gott
ganz leise
Mensch

von der Öffentlichkeit
unbemerkt
von den Menschen
nicht zur Kenntnis genommen

in einer kleinen Zweizimmerwohnung
in einem Asylantenwohnheim
in einem Krankenzimmer
in nächtlicher Verzweiflung
in der Stunde der Einsamkeit
in der Freude am Geliebten

meistens
wird Gott
ganz leise Mensch

wenn Menschen
zu Menschen
werden

Ich glaube, gerade in diesen dunklen **„Corona-Tagen“** *brauchen wir mehr als je Menschen, die anderen zu Menschen, zu mitfühlenden Mitmenschen werden.*

Ich möchte das für mich trainieren im Warten auf den, der da kommt, - und der der göttliche Mitmensch wurde.

Vielleicht üben Sie das ja auch einmal in diesen Tagen; denn es ist ***nötiger den je***, daß „**Menschen zu Menschen werden**.“

Telefon-Andacht am 24.12.`20

Guten Tag! Sie hören eine ***Andacht*** der **evangelischen Seeprovinz-Gemeinden** am **Steinhuder Meer**. ***Schön, daß Sie angerufen haben***!

Heute ist **Heiliger Abend**.

Liebe ***Hörerinnen*** und ***Hörer***!

Auch in diesen ***dunklen Tagen*** des ***dunklen*** **Jahres 2020** ist **Weihnachten**, ja trotzdem auch ein ***Fest der Geschenke***. - -

Durch sie möchte ich ***nahen Menschen zeigen, wie wichtig sie mir sind*** und ***daß ich an sie denke*** und ***mir Mühe gemacht habe, etwas für sie auszusuchen***.

° - Nie werde ich **Weihnachten 1983** vergessen:

Bescherung am **Heiligen Abend**, - zwischen **Christvesper** ***um*** **18.00** und **Christmette** ***um*** **23.00 Uhr**, - wie das eben immer so war:

Unsere 5-jährige Tochter ***packt ihre Geschenke aus*** und fängt mit einigen von ihnen an zu spielen.

Die kleine Tochter – gerade 1 Jahr alt – ***knistert nur strahlend mit dem Geschenkpapier*** und ruft immer wieder ***mit fast ausflippender Stimme***: „***Baby, - baby da***!" - - Größer ist ihr Wortschatz noch nicht.

Das so schön knisternde und im Kerzenschein flimmernde Geschenkpapier versetzt sie in helle Aufregung, während der Inhalt des Paketes nur mäßig beeindruckt.

Ich lächle, - ***ich weiß ja***: ***Das Geschenkpapier ist ja nur die Hülle, - das Wichtige ist doch der Inhalt, das Geschenk selber***!!

Und ich denke:

Ob **Gott** ***vielleicht manchmal kopfschüttelnd merkt, daß mir nicht selten die Hülle wichtiger ist als sein Geschenk***?

Da fasziniert mich die alte Geschichte vom Stall von Bethlehem immer wieder, - da ***rühren mich die vertrauten Lieder*** von der „**Stillen Nacht**" und der „***gnadenbringenden Weihnachtszeit***", - auch wenn ich sie ***in diesem dunklen Jahr nicht so laut und fröhlich singen kann und darf***...

Und **Gott** murmelt: „***Ja, ja, - ist ja gut. Das Papier ist wichtig und gut, - aber packt`s doch `mal aus, was ich da für euch eingewickelt habe***!"

„Ich komme als Kind, - als Mensch euch ganz nahe*!“*

Und mir fällt **Psalm 73,28** ein: **„Gott nahe zu sein ist mein Glück**!“

Gott *kommt mir ganz nahe und begleitet und behütet mich, - in Freude und auch in dunklen Tagen*.

Das ist für mich ***der Inhalt des*** **Heiligen Abends** und ***der*** **Heiligen Nacht**.

Ob unsere Enkel wohl einmal in dieser **Nähe Gottes** ***ihr Glück finden werden***?

° - **Andrea Schwarz** schreibt unter der Überschrift **„Das andere Fest**“:
(A. Schwarz, „Wenn ich meinem Dunkel traue“, S. 87):

Ich habe
auf das Licht gewartet

aber vielleicht
ist das Warten
schon das Licht

ich habe
auf die Erfüllung gewartet

aber vielleicht
ist die Sehnsucht
schon die Erfüllung

ich habe
auf die Freude gewartet

aber vielleicht
waren die Tränen
schon Zeichen des Lebens

ich habe
auf Gott gewartet

und ein Kind
kommt zur Welt

Vieles von dem, das für uns und für mich einfach zu **Weihnachten** gehört: der „**Weihnachtsmarkt**", - das ***Gedränge in den Geschäften*** an den letzten Tagen des Advent, - die ***vollen*** **Krippenspiele**, **Christvespern** und **Christmetten** in unsere Kirchen mit den ***schönen, altvertrauten Liedern***, - das ***Treffen mit fast der ganzen Familie oder den Familien*** zu **Weihnachten**; - - -

das meiste davon findet in diesem Jahr nicht statt...

Die **Heilige Nacht** ist für viele Menschen ***trauriger***, ***einsamer*** als in den anderen Jahren...

Da gibt es ***nichts zu beschönigen*** und ***nichts schön zu reden***, - - und das ist ***sehr schade*** und ***sehr traurig...***

Aber vielleicht kann es ja ***an diesem*** **Heiligen Abend**, - ***in dieser*** **Heiligen Nacht** und ***an*** **Weihnachten** *Momente* geben, ***in denen ich dem armen Mann*** **Jesus von Nazareth** ***ein wenig näher komme als in anderen Jahren***, - dem Mann, der ***draußen in einem armen Stall von einer Mutter ohne Obdach geboren*** wurde – ***und in dem*** **Gott** ***uns auch heute noch ganz neu ganz nahe kommen will.***

Etwas von dieser **weihnachtlichen Nähe Gottes** ***zu spüren*** in diesen Tagen, - das wünscht Ihnen Ihr **Ruhestandspastor** **Wilhelm Thürnau** aus **Wunstorf**.

Printed by Books on Demand GmbH, Norderstedt / Germany